井手　弘子

ニューロポリティクス

―脳神経科学の方法を用いた政治行動研究―

木鐸社

はじめに

　現代政治学の歴史においては，心理学や経済学など他分野の方法を積極的に取り入れて政治行動や制度の研究が行われている。質問調査を用いた投票行動の研究は心理学の方法を用いた研究の例であり，合理的なアクターを前提とする数理モデルを用いた選挙制度の分析などは経済学の方法を応用した研究の例である。このように政治学は様々な方法を用いて政治現象や政治行動を解明している学問と言え，さらにはここ数十年の間に飛躍的に発展した神経科学（neuroscience）や脳科学（brain science）の方法を用いた政治行動や政治的認知の研究が今世紀に入って行われ始めている。脳神経科学[1]の手法を用いた政治研究が進められたアメリカの政治学研究者の間ではそのような研究を指して「ニューロポリティクス（neuropolitics）」という新しい名称も用いられているが，脳神経科学の方法を用いて政治研究を行うことはどれほど有効なのだろうか。

　本書は，2007 年に政治学分野では日本において初めての機能的磁気共鳴画像法（functional Magnetic Resonance Imaging: fMRI）を用いて著者を含む研究グループが行った実験研究を報告しつつ，この問いに対する回答を試みるものである。ニューロポリティクス研究は今世紀に入って始まったばかりでまだその蓄積は少ない。既存の研究事例は神経科学者や心理学者が政治的認知を取り上げたものであることが多く，政治学者による研究事例は数えるほどである。それ故にニューロポリティクス研究は，現状では安定した研究成果を産出するような確立された分野とは言えない状況にある。しかしながら，脳神経科学の方法が政治的意思決定の解明にも応用可能になったということは，政治学における方法論の発展という側面において大きな飛躍であり，今後の可能性が期待される分野であると考えられる。

1　本書では，「脳科学」と「神経科学」を合わせて，「脳神経科学」という呼称を用いている。

よって現時点でのニューロポリティクス研究に求められるのは，その有効性の体系的な検証と今後の可能性や課題の検討であると考え，本書ではニューロポリティクス研究について，その背景や意義，課題などを含む幅広い視点から体系的に論じたい。

　ここで本書全体の主旨を手短にまとめるならば，上述の「脳神経科学の方法を用いて政治研究を行うことはどれほど有効なのだろうか」という問いに対する本書の回答は，以下のようになろう。「ヒトが政治的環境をどのように認知し，政治的環境に対してどのように働きかけるか，といったメカニズムを実際の過程に沿って理解するには脳神経科学の方法は不可欠であり，よって脳神経科学の方法を政治学において用いることは非常に有効であるが，同時に技術的・倫理的課題に留意しながら研究を進める必要がある。」

　詳細な回答は，各章における議論を通じて行われる。第1章では，まずニューロポリティクス登場の背景として，政治心理学と実験政治学の2つの潮流について概観する。脳神経科学の方法を用いた政治的認知や行動の研究は，政治学の歴史において突然に現れた訳ではない。ニューロポリティクス研究の登場を促した要因としては，fMRIなどの脳機能計測技術の飛躍的向上により脳神経科学の社会的行動研究への進出が容易になったという画期的展開があるが，政治学内部にもその伏線とも言うべき2つの歴史的発展が存在する。その1つが政治心理学であり，政治行動の心理面に注目し心理学で用いられる方法を用いた研究が行われてきた。もう1つの重要な背景は，近年の政治学における実験という方法の再評価である。政治学における脳神経科学の方法の導入は，これらの延長線上に捉えることができる。第1章では，このような背景をふまえて脳神経科学の方法を用いた政治に関する実証研究のレヴューを行う。政治学者によるニューロポリティクス研究はまだ少なく，政治学者が神経科学者と共同で行った政治行動の神経科学実験が専門誌に論文として掲載されたのは，今回の我々の実験結果の報告が初めてである。よって神経科学者や心理学者が政治的意思決定を取り上げた研究や神経経済学（Neuroeconomics）をはじめとする他分野にも共通する関連研究など，学際的なものを含め見ておくこととしたい。第1章の最後では，ニューロポリティクス研究の意義について政治学と脳神経科学の両方の観点から考察を行う。

第2章においては，政治学にとっては馴染みの薄い脳神経科学の方法について，ニューロポリティクスの研究結果を理解する上で役に立つ範囲で簡略に紹介を行う．まず脳の構造と機能について手短に説明した後，脳の様々な部位における機能を理解する上で用いられる脳機能マッピング（brain mapping）がどのようなものか，脳機能マッピングのために行われる脳機能計測の方法にはどのようなものがあるか，を見ていく．最後に脳機能計測の方法の1つで1990年代に開発され，社会的認知研究に大きく貢献しているfMRIについて，その実験・解析の方法を含め，より詳しく紹介する．

第3章では，今回著者を含む研究グループが行ったfMRI実験研究を報告するにあたり，その背景を見ておくこととする．今回の実験は選挙キャンペーンのテレビ広告の認知を取り上げたものであるが，選挙は政治学において主要な研究対象であり，投票行動を左右すると考えられる選挙キャンペーンは選挙研究の重要なトピックの1つである．選挙広告，中でもネガティブ広告は，特に影響力が強いと考えられ近年アメリカで増加しているが，このネガティブ選挙広告について，先行研究ではその効果をめぐり相対立する実証研究結果が示されているものの，研究手法の限界もあって認知過程メカニズムの解明には至っていなかった．今回の実験は，脳神経科学の方法であるfMRIを用いてテレビ広告の認知過程を明らかにしようとするものである．また，選挙広告をめぐる心理過程を検証するには「説得」とそれに伴う「態度変容」について理解しておく必要がある．第3章の後半では，これらについて概念整理を行う．

第4章は，今回の実験結果を報告するもので，その内容は既に査読専門誌に公表されている英語論文（Kato et al. 2009）の翻訳が中心となっているが，図を補い（図4-4，図4-5），既にあった図には矢印を加え（図4-6，図4-7，図4-8），専門的な内容を含む詳細な分析結果の表や結果についての議論は巻末で説明するなど（補表1，補遺1），理解を容易にするため変更を加えている．英語論文は，蒲島郁夫教授と加藤淳子教授が国立障害者リハビリテーションセンター研究所神作憲司研究室の支援を受けて行った実験研究の成果を報告したものである．著者は，本実験において実験実施ならびにデータ解析を担当し，英語論文では実験研究の方法および分析結果の部分を担当し，序論と結果の考察を担当した加藤淳子教授と共に同等

に貢献した第一著者（equally contributed first author）であった。神経科学の分野では，博士号取得前後の若手研究者が第一著者となるのが通例である。英語論文の翻訳を本書に含めることを許可してくださった，研究総括著者（corresponding authors）の神作先生と加藤先生に改めて御礼を申し上げたい。

　実験においては，40名の実験参加者がそれぞれ1992年のアメリカ大統領選挙のテレビ広告と比較のために用いた商品のテレビ広告を視聴している間にfMRI撮像が行われた。また用いた広告はポジティブな内容とネガティブな内容を区別している。実験参加者は，MRI装置内で2人の大統領候補に関するポジティブな広告を見た後にどちらの候補を支持するかを答え，次に支持した候補が攻撃されるネガティブ広告を視聴して再度どちらの候補を支持するかを回答し，最後にもう1度両候補のポジティブ広告を見て支持候補を回答している。商品広告に関しても同様のタスクが行われた。fMRI撮像の後には，政治学調査でも用いられている「感情温度計」を用いて各候補に対する各広告セッション後の感情温度（選好／態度）を聞くなど質問調査が行われた。質問回答に基づく行動レベルのデータと撮像された脳のデータを用いた分析の結果，選挙のネガティブ広告を見て候補の選択が変わった18名（変化グループ）は，選択が変わらなかった22名（変化なしグループ）に比べ前頭前野（頭部の前方）の「外側」（背外側部）により強い活動が見られ，変化なしグループは，変化グループに比べ前頭前野の「内側」により強い活動が見られた。さらにより注目すべきことに，参加者全員のデータにおいて，感情温度の変化とこれらの前頭前野の異なる部位における脳活動との間にそれぞれ統計的に有意な相関が確認され，相関の方向は背外側部と内側部で逆であった。より具体的には，「（変化グループでより強い活動の見られた）背外側部前頭前野におけるネガティブ広告視聴中の脳活動」と「広告で攻撃された候補に対する感情温度の変化（ネガティブ広告視聴後の攻撃された候補に対する感情温度－同広告視聴前の同候補に対する感情温度）」との間に負の相関が見られた。つまり，広告で攻撃された候補に対する感情温度が下がった人ほど，前頭前野の背外側の部位でより強い活動が見られたのである。他方，（変化なしグループでより強い活動の見られた）内側部前頭前野に関しては，この部位におけるネガティブ広告視聴中の脳活動と広告で攻撃された候補に対する感情温度

の変化との間に正の相関が示された。すなわち，広告で攻撃された候補に対する感情温度が下がらない傾向にあった人，さらには感情温度が上がった人ほど，前頭前野の内側の部位でより強い活動が見られたのである。分析において活動の検出された前頭前野は，認知コントロールを行うと考えられている。以上の結果から，実験参加者が自分の支持する候補者が攻撃される広告を視聴する際に，その広告から得る情報を判断するという認知的な情報処理を行っている可能性，および，その結果により支持の変化や支持の継続が左右されている可能性が示唆されている。

　以上の分析結果を受けて，第5章では，今回の実験研究が政治学研究にとって，さらには学際的にどのような意味を持つかについて考察を行う。まず政治学の観点から今回の実験デザインについて論じるため，実験で用いた広告の内容と実験参加者の属性について詳述し，今回のように現実社会で流通している素材を実験に用いる意義や，従来のニューロポリティクス研究と異なり実験参加者が党派性の弱い人々であった点について論じる。次に，今回の実験結果が政治学における既存のネガティブ・キャンペーン研究に対してどのように貢献するかについて論じる。これまでのネガティブ・キャンペーン研究において示されている相対立する実証結果は，政治におけるネガティビティをどう捉えるか，についての相対立する規範的見方とも結びついている。今回の実験結果は，ネガティブ広告が認知コントロールによって処理されていることを示唆し，ネガティビティを肯定的に捉える見方を後押しするものと考えることができる。最後に今回の分析において重要な役割を果たした感情温度計を取り上げる。今回の実験結果では感情温度計に基づく行動指標と前頭前野における脳活動の間に相関が見られたが，この結果は，感情温度計が測定した選好変化が認知過程と関連する可能性を示し，感情温度計という行動指標が何を意味しているのかについての新しい見方を提供している。

　第6章では，今回の実験結果をふまえて更なる行動データの分析を行っている。その結果，ネガティブ広告視聴後の候補者選択の変化の有無が，ネガティブ広告視聴前後の攻撃された候補に対する感情温度の変化とネガティブ広告視聴前の支持候補に対する相対的選好によってほぼ説明される，といった分析結果が得られた。ニューロポリティクス研究の貢献の1つとして，脳活動分析の結果から行動の背後にある心理過程の解明が進み，

行動データを解釈する上での指針となることが期待される。

　最終章となる第7章においては，今後のニューロポリティクス研究にどのような可能性があるか，また課題は何か，について考察を行う。まずニューロポリティクスの主な研究対象について，現状と今後の方向性の検討を行う。さらにニューロポリティクス研究の今後の展開にとって重要と考えられる関連分野の状況を概観し，政治学研究者が脳神経科学の方法を用いるために必要な共同研究やトレーニングについても言及する。他方，ニューロポリティクス研究にとって重要な課題の1つとして倫理の問題が挙げられる。第7章の後半では，ニューロポリティクスの倫理について考察するが，その前にまず脳神経科学研究をめぐる倫理の問題について概観し，最後に大学など研究機関における倫理審査委員会のあり方を見ておくこととしたい。

　第4章で紹介する論文が共著であることにも示されているように，本書の研究報告は，多くの方々の御指導・御協力なくしてはとうてい考えられなかったものである。今回のfMRI実験研究を着想された蒲島郁夫先生には，著者にとって未知の世界であった神経科学という分野に視野を広げて研究を進めるという貴重な機会を与えて下さり，これまでの数多くの御指導とあわせ感謝の念に堪えない。また先にも述べたが，本fMRI実験研究は国立障害者リハビリテーションセンター研究所神作研究室のご支援がなければ文字通り不可能であった。神作憲司先生，門田宏氏，高野弘二氏をはじめとする研究室の方々には，実験実施およびデータ分析において多大なご協力をいただいたことに厚く御礼を申し上げたい。実験実施に際しては，樋口範雄先生，Gill Steel先生，データ分析に関しては，岡田謙介先生にも多くのご協力をいただいた。蒲島先生，加藤先生，神作先生を中心に進められた本fMRI実験は，科学研究費特定領域研究のプロジェクトの一環として行われたものであり，プロジェクトを通じて，大阪大学の西條辰義先生，北海道大学の肥前洋一先生，東京工業大学の谷口尚子先生をはじめとする特定領域研究に参加されている先生方にもたいへんお世話になった。蒲島研究室，加藤研究室の秘書の西川弘子氏にもたいへんお世話になっている。研究成果を報告したイェール大学でのシンポジウム，アメリカ政治学会研究大会，Society for Neuroscience研究大会，東京財団VCASIプロジェクトでの報告会では，貴重なコメントをいただいた。

本書は，著者の東京大学大学院法学政治学研究科博士課程における博士論文が基になっている。脳神経科学実験を含む政治学の実験という新しい分野での挑戦を見守って下さった法学政治学研究科の諸先生方に感謝を申し上げたい。中でも，谷口将紀先生にはご専門でのご指導に加えて，審査委員会でも丁寧にご指導たまわり，太田勝造先生は法学のご専門の立場から審査委員をご快諾くださった上，実験にも激励をいただいた。北澤茂先生（当時順天堂大学，現在大阪大学）には，脳神経科学の分野からの外部審査委員としてご指導いただいた。博士論文を完成し，発展させ本書とする過程においては，政治学の分野でも視野と知見を広げることを必要としたが，フォックスプログラム・フェローとして滞在したイェール大学（2009～2010），日米関係プログラム・フェローとして滞在したハーバード大学（2010～2011）は，いずれも最良の研究環境であった。この過程における調査研究は，「異分野融合による方法的革新を目指した人文・社会科学研究推進事業・ニューロポリティクス（政治学と神経科学の融合による社会行動の科学的理解：090100000119）（研究総括者　加藤淳子）」による助成を受けている。博士論文から本書の完成までには，東京大学の池田謙一先生，境家史郎先生，イェール大学の浜田宏一先生にも非常に貴重なコメントをいただいた。木鐸社の坂口節子氏には，原稿の内容への貴重なコメントを含め，本書が出版されるまでにたいへんお世話になっている。加藤先生には今回の実験実施から課程修了後の本書完成まで，本当に多くのご指導・ご支援をたまわり，心より御礼を申し上げたい。最初の実験報告論文は，神経科学の学術誌に掲載されたものであり，実験結果をふまえて政治学分野における博士論文を完成させるまでには，分野間の相違を適切に理解し，政治学の観点から更なる分析を行うことが必要であった。この過程において加藤先生には数多くご教示いただき，本書は，実質的には加藤先生との共同作業による著作と言える。最後に私事となるが，著者の両親には本書完成まで幾多の励ましと共に温かく見守ってくれたことに深謝したい。本書が出版されるにあたり，これまでにたいへんお世話になった方々に改めて心より深く感謝を申し上げたい。

　　　2012 年 1 月 15 日

著　者

なお，本書の一部は既に公表されている以下の論文に基づいている。

Kato, J., H. Ide, I. Kabashima, H. Kadota, K. Takano, and K. Kansaku. 2009. "Neural Correlates of Attitude Change Following Positive and Negative Advertisements." *Frontiers in Behavioral Neuroscience* 3 (6)：1-13.

加藤淳子・井手弘子・神作憲司．2009.「ニューロポリティクスは政治的行動の理解に寄与するか」『レヴァイアサン』44（春）：47-70.
加藤淳子・井手弘子・神作憲司．2009.「ニューロ・イメージングで政治行動の何が分かるか？」『バイオインダストリー』26 (6)：84-90.

目　次

はじめに……………………………………………………………… 3

第1章　ニューロポリティクス（Neuropolitics）研究の登場………… 19
　1.1. はじめに……………………………………………………… 19
　1.2. 政治心理学…………………………………………………… 20
　　1.2.1. 政治心理学の進展 ……………………………………… 20
　　1.2.2. ニューロポリティクスへの発展 ……………………… 22
　1.3. 実験政治学…………………………………………………… 23
　　1.3.1. 実験政治学の隆盛 ……………………………………… 23
　　1.3.2. 社会科学における実験という方法 …………………… 25
　1.4. 政治に関するこれまでの脳神経科学研究………………… 28
　　1.4.1. イデオロギー …………………………………………… 28
　　1.4.2. 人種の認知 ……………………………………………… 29
　　1.4.3. 候補者の認知 …………………………………………… 31
　　1.4.4. 政治的洗練性 …………………………………………… 33
　　1.4.5. 攻撃性・暴力 …………………………………………… 34
　　1.4.6. 神経経済学（Neuroeconomics） …………………… 35
　1.5. ニューロポリティクス研究の意義………………………… 36
　　1.5.1. 政治研究に脳神経科学の方法を用いる意義 ………… 37
　　1.5.2. 脳神経科学にとっての政治（学）の意義 …………… 40

第2章　ニューロポリティクスの方法…………………………… 43
　2.1. はじめに……………………………………………………… 43
　2.2. 脳の構造と機能……………………………………………… 44
　2.3. 主な脳神経科学の方法……………………………………… 46
　　2.3.1. 脳機能マッピング ……………………………………… 47
　　2.3.2. 非侵襲脳機能計測 ……………………………………… 48
　2.4. 機能的磁気共鳴画像法（fMRI）を用いた研究 ………… 51
　　2.4.1. 実験のデザインと実施 ………………………………… 51

  2.4.2. fMRIデータ解析……………………………………… 52
  2.4.3. fMRI分析の留意点…………………………………… 54

第3章　政治学における選挙研究とfMRI実験研究の背景 ………… 57
 3.1. はじめに ……………………………………………………… 57
 3.2. 選挙キャンペーンテレビ広告とその効果 ………………… 59
  3.2.1. 選挙広告とその種類 …………………………………… 59
  3.2.2. ネガティブ選挙広告 …………………………………… 61
  3.2.3. ネガティブ選挙広告効果の実証研究 ………………… 63
 3.3. 政治的説得と政治的態度変容 ……………………………… 68
  3.3.1. 政治的説得と政治的態度 ……………………………… 68
  3.3.2. 説得による態度変容の過程 …………………………… 69
  3.3.3. ネガティブなメッセージによる説得 ………………… 72

第4章　選挙キャンペーンに関するfMRI実験研究 ………………… 75
 4.1. はじめに ……………………………………………………… 75
 4.2. 実験の方法 …………………………………………………… 77
  4.2.1. 実験参加者 ……………………………………………… 77
  4.2.2. 実験のタスク …………………………………………… 77
  4.2.3. fMRI撮像とデータ分析 ………………………………… 79
 4.3. 分析結果 ……………………………………………………… 81
  4.3.1. 行動データ分析 ………………………………………… 81
  4.3.2. 脳活動データ分析 ……………………………………… 84

第5章　本fMRI実験研究の政治学的論点と学際的な含意 ………… 91
 5.1. はじめに ……………………………………………………… 91
 5.2. 実験デザインについて ……………………………………… 92
  5.2.1 使用した広告 …………………………………………… 92
  5.2.2 既存研究の刺激と今回の刺激 ………………………… 97
  5.2.3. 実験参加者 ……………………………………………… 100
 5.3. 民主主義にとってのネガティビティ ……………………… 101
  5.3.1. 従来の対立的見解 ……………………………………… 101

5.3.2. 今回の実験結果の含意 …………………………………… 104
　5.4. 感情温度計の有用性 ……………………………………………… 106
　　5.4.1. 脳神経科学で用いられる行動指標 ………………………… 106
　　5.4.2. 今回の実験結果の含意 …………………………………… 107

第6章　本 fMRI 実験研究をふまえた行動分析 ……………………… 109
　6.1. はじめに …………………………………………………………… 109
　6.2. 広告視聴前後の変化 ……………………………………………… 110
　　6.2.1. 選択の変化 ………………………………………………… 110
　　6.2.2. 選好の変化 ………………………………………………… 110
　6.3. 候補者選択変化の説明 …………………………………………… 114
　　6.3.1. 選好変化による説明 ……………………………………… 114
　　6.3.2. 選好変化と相対的選好による説明 ………………………… 116
　　6.3.3. 分析のまとめと考察 ……………………………………… 120
　　6.3.4. 分析の含意 ………………………………………………… 121

第7章　ニューロポリティクスの展望と課題 ………………………… 125
　7.1. はじめに …………………………………………………………… 125
　7.2. 今後の展望と課題 ………………………………………………… 126
　　7.2.1. ニューロポリティクスの問題関心 ………………………… 126
　　7.2.2. 説明変数や視点の広がり ………………………………… 129
　　7.2.3. 共同研究とトレーニング ………………………………… 131
　7.3. 神経倫理学と政治（学）………………………………………… 132
　　7.3.1. 神経倫理学 ………………………………………………… 132
　　7.3.2. ニューロポリティクスの倫理 ……………………………… 135
　　7.3.3. 倫理審査委員会について ………………………………… 136

おわりに…………………………………………………………………… 138
引用文献…………………………………………………………………… 139

補表1　集団（変量効果）分析結果の脳領域 ………………………… 166
補表2　ロジスティック回帰分析の結果 ……………………………… 170

補遺1　fMRI実験結果についての議論 ……………………………… 171
補遺2　感情温度計を用いた質問 ……………………………………… 178
アブストラクト…………………………………………………………… 179
索引………………………………………………………………………… 184

図表目次

図 2-1　脳の構造 …………………………………………………………… 45
図 2-2　脳の xyz 次元表現 ………………………………………………… 47
図 4-1　MRI 装置内でのタスク …………………………………………… 78
図 4-2　候補者の選択 ……………………………………………………… 82
図 4-3　コーラ・ブランドの選択 ………………………………………… 82
図 4-4　ネガティブ広告前後の攻撃された候補に対する感情温度の変化 …… 84
図 4-5　選挙のネガティブ広告視聴中の脳活動 ………………………… 85
図 4-6　内側前頭前野（−16, 39, 44; BA8）における fMRI 信号変化 ………… 86
図 4-7　背外側前頭前野（-42, 16, 40; BA9/6）における fMRI 信号変化……… 86
図 4-8　背外側前頭前野（53, 30, 11; BA46/9）における fMRI 信号変化 …… 87
図 4-9　内側前頭前野における fMRI 信号変化 ………………………… 87
図 4-10　右背外側前頭前野における fMRI 信号変化…………………… 89
図 5-1　感情温度計 ……………………………………………………… 106
図 6-1　ネガティブ広告で攻撃された候補に対する
　　　　　　　各セッション後の感情温度 ……………………… 111
図 6-2　ネガティブ広告で攻撃された候補に対する
　　　　　　　各セッション後の感情温度（平均値）………… 112
図 6-3　ネガティブ広告を制作した候補に対する
　　　　　　　各セッション後の感情温度 ……………………… 113
図 6-4　ネガティブ広告を制作した候補に対する
　　　　　　　各セッション後の感情温度（平均値）………… 113
図 6-5　ネガティブ広告前後の攻撃された候補に対する感情温度の変化 …… 114
図 6-6　攻撃された候補と攻撃した候補に対する感情温度の相関 ………… 115
図 6-7　2 回目のポジティブ広告前後の支持候補に対する感情温度の変化 … 116
図 6-8　最初のポジティブ広告後に選択した候補に対する相対的選好 ……… 117
図 6-9　ネガティブ広告後に選択した候補に対する相対的選好 …………… 119

表 5-1　ポジティブ選挙広告の対比 ……………………………………… 94
表 5-2　ネガティブ選挙広告の対比 ……………………………………… 94
表 5-3　コーラ広告の対比 ………………………………………………… 96
表 6-1　広告視聴後に選択が変化した人数 …………………………… 110

ニューロポリティクス

―脳神経科学の方法を用いた政治行動研究―

第1章 ニューロポリティクス（Neuropolitics）研究の登場

1.1. はじめに

　脳神経科学の方法を用いた政治行動研究が，どのような経緯で登場するに至ったのか，何のための研究なのか，についてはよく知られていない。本書は，この新たに登場したニューロポリティクス研究について，政治研究者の立場から全体的，体系的にその有用性を論じる初めての試みである。本章では，まずニューロポリティクス研究の背景，これまでに報告されている先行研究，研究の意義について順に論じていくこととしたい。

　次節においては，ニューロポリティクス登場の背景の1つとして政治心理学を取り上げる。政治学に心理学の方法を用いる政治心理学はどのように発展してきたのか，政治心理学とニューロポリティクスはどのように関係づけられるかについて考察する。心理学の研究においても，脳神経科学でこれまでに明らかにされてきた脳の構造や機能に関する知識や脳機能を解明するためのfMRIなどの方法が取り入れられている今日，政治心理学の延長線上で脳神経科学の知識や方法が取り入れられるのは当然の流れと考えられる。

　またニューロポリティクス研究が登場した背景のもう1つの側面として，近年，政治学の中で実験を用いた研究が再評価されているという実態がある。第3節では，特定の条件・変数の効果を検証しやすい実験という方法を用いた研究が，政治学において増加するに至った経緯を見ておくこととする。加えて，今回のfMRI実験研究にも通じる社会科学における実験の方法について概観しておくこととする。

第4節では，ニューロポリティクス研究の先行事例とも言える脳神経科学研究のレヴューを行う。具体的には，保守やリベラルといったイデオロギーの違いや，異なる人種の認知，選挙における候補者の認知，政治について詳しいかどうかといった政治的洗練性の有無，攻撃性の有無，協力行動の要因など，政治に関連する認知や心理過程を脳神経科学の方法を用いて検証した研究がこれまでにも行われている。前述のように政治学者による研究はまだ少ないことから，神経科学者や心理学者による研究，神経経済学における関連研究などを主に取り上げる。

最後に第5節においては，新しく登場したニューロポリティクスという分野が，政治学や脳神経科学にとって何を意味しているのか，どのような貢献が可能であるのか，といった問題について考察する。政治学にとって脳神経科学の方法を用いる意義は何か，脳神経科学にとって政治行動を取り上げる意義は何か，という順で検討を行うこととする。

1.2. 政治心理学

1.2.1. 政治心理学の進展

政治において「心」というものがどのような作用を及ぼしているか，といった問題は，ギリシャ時代の政治哲学で既に扱われているが，アメリカを中心に発展してきた現代政治学においても，Graham Wallas の *Human Nature in Politics* (1908) のようにその初期の時代から人間心理の考察が行われている（Ward 2002）。政治心理学という（下位）分野は，政治学と（社会）心理学の交錯する領域に成立する，と言われるが，1920年代頃から心理学に影響を受けた Charles Merriam らによって推進された政治学の科学化を志向する行動論主義（behavioralism）と共に発展したものである（堀江 1980）。

その後の政治心理学の主要な研究対象や研究方法は，時代と共に推移してきている。McGuire (1993) による3つの時期区分に従うと[2]，1940年代から1950年代にかけての「パーソナリティと文化」の時代には，文化的制

---

[2] McGuire によるこの時代区分は大まかなものであり，Sullivan らによる修正的見解もある（Sullivan et al. 2002）。

度がパーソナリティや行動を決定すると考えるフロイトの精神分析やマルクス主義の影響を受けたリーダーや大衆のパーソナリティ研究が行われたが（例えば Lasswell 1948），第二次世界大戦中にアメリカの敵国であったドイツのヒットラーや日本の国民性の研究が必要とされたという時代的な背景もあった。

　1960 年代から 1970 年代の「態度と投票行動」の時代には，社会心理学者によって 1940 年代から始まっていた質問調査（survey）研究が本格化し，Campbell らの The American Voter (1960) に代表される政治的態度と投票行動の研究が中心となった。1940 ～ 1950 年代の精神分析等と異なり，投票行動研究では主観的期待効用理論が暗黙の前提として存在したことが McGuire により指摘されているが，そのような「合理性」から有権者がどれほどかけ離れているかが議論されたのもこの時代であった(Converse 1964; Key and Cummings 1966) [3]。

　1980 年代から 1990 年代の「イデオロギーと意思決定」の時代には，認知科学革命の影響を受けて政治的認知の研究が進展していった。政治的態度やイデオロギーが「スキーマ (schema)」などの認知モデルを用いて表現されるようになり (Lau and Sears 1986)，認知科学がしばしば想定する「冷静な」情報処理（"cold" information - processing）として理解されるようになった。

　以上の時代区分は 1993 年に出版されたものであるが，その後の政治心理学においても認知過程に注目する研究が続く一方で (McGraw 2000)，1990 年代から 2000 年代にかけて，後に再び言及する脳神経科学における情動 (emotion) や感情 (affect / feeling) [4] への注目を受けて，「熱い」認知（"hot" cognition）とも言われる情動が意思決定過程に及ぼす影響についての研究も増加している (Kuklinski 2002)。また政治心理学のトピックは以上に言及

---

[3] 投票行動研究は，政治行動 (political behavior) 研究として政治心理学の枠組みの外で扱われることもある。

[4] 脳科学者の Damasio は 1994 年の著書において emotion と feeling を区別し，その翻訳書（ダマシオ 2000）は emotion を情動，feeling を感情，と訳している。社会心理学のあるテキストでは「情動 (emotion)」「気分 (mood)」「好み (preference)」「評価 (evaluation)」を包括する用語として「感情 (affect)」があてられていることが多い，と指摘されている（池上・遠藤 1998）。

したものに限られるものではなく，その他に国際関係論における外交政策決定過程の研究や人種の認知など集団間関係の研究も行われている（Sears et al. 2003）。

　以上のように，政治心理学では様々なトピックを扱っており，それぞれに探求の方法も千差万別である（実験については次節で詳述する）が，そこに共通しているのは，経済学的アプローチにおいて合理的選択者の前提がおかれ演繹的に議論が行われる傾向が（特に伝統的には）あるのに対し，政治心理学のアプローチにおいては，そのような人間行動の前提をおかず，むしろ観察から法則もしくは性質（nature）を明らかにしようとしている，という点である（Houghton 2009）。

1.2.2. ニューロポリティクスへの発展

　以上，政治学において心理学の様々な方法が用いられてきたことを見たが，その一方で，既に言及しているように近年，脳神経科学の分野において飛躍的な発展が起こっている。従来の脳研究においては，動物を用いた実験研究や脳損傷患者の事例研究において，損傷した脳の部位と障害の生じた機能を対応させるといった方法で，脳機能の解明が進められていた。ところが1990年代から，動物実験のように脳を傷つけることなく脳機能を測定する技術（人体への影響が小さいことから「非侵襲」脳機能計測と呼ばれる）が大きく進歩したのである。fMRIをはじめとするそのような非侵襲脳機能計測によって，人間において特に発達している言語や社会的認知といった高次脳機能に関連する脳活動の画像化が容易になった（非侵襲脳機能計測については第2章第3節で説明する）。その結果，高次の脳機能を必要とするヒトの社会的行動に関連する認知過程を脳神経レベルで解明しようとする研究が爆発的に増加したのである。このように脳神経科学の方法を用いて社会的行動を解明しようとする研究を総称して，「社会神経科学（Social Neuroscience）」や「社会認知神経科学（Social Cognitive Neuroscience）」といった新しい分野が生まれるに至っている（Cacioppo 2002; Ochsner and Lieberman 2001）。

　以上のような脳神経科学の進展を受けて，近年は，心理学の教科書においても，心的過程の生物学的／神経的基盤として脳の構造や機能について詳しく取り上げられるようになっている（Smith et al. 2003）。心理学は「行

動と心的過程についての科学的学問」と定義されるが，その研究の方法としては，自分自身の知覚過程などを主観的に記述する内観（introspection）から，刺激とそれに対する反応に注目する行動主義（behaviorism），コンピューターのアナロジーを用いた認知科学など様々なアプローチが用いられてきた。心的過程を左右すると考えられる脳機能を解明する方法が発展した今日，脳神経科学も心的過程を理解するためのアプローチの1つと捉えることが可能となっている。

　前述のように，政治心理学においては認知科学の影響が強くなったが，認知科学のアプローチにおいても意思決定の実際の過程が「ブラック・ボックス」であることには変わりがなかった。ところが近年は心理学においても脳神経科学を通じて「ブラック・ボックス」の中身が取り上げられるようになっているのである。このように考えていけば，心理学の方法を用いてきた政治心理学においても，脳神経科学の方法が加わることは，自然な流れと言えるであろう。

1.3. 実験政治学

1.3.1. 実験政治学の隆盛

　政治学において最初に実験的手法を用いた研究としては，1924年にGosnellが行った有権者に対する投票のための呼びかけの効果を検証するフィールド実験（Gosnell 1927）[5]が挙げられる。しかしながら，それ以来数十年の間，政治学における実験はほとんど行われず，その後の政治学における実証研究は，調査データの統計分析など，現実社会におけるデータを収集して行われる観察研究を中心に行われた。その理由としては，調査データの回帰分析などとは異なり実験においては変数の数が限られてしまうことや，投票の呼びかけの効果の検証等において心理過程のメカニズムといった因果関係に注目が払われていなかった点が指摘されている（Green and Gerber 2002）。他方，政治学方法論の古典とも言えるLijphart（1971）は，比較政治学（comparative politics）の方法について論じる上で，統計的

---

[5] Gosnellの実験は，正確には無作為割り当て（random assignment）ではなかったと指摘されている（Green and Gerber 2002）。

方法，実験的方法の2つの方法との比較を行い，比較の方法，統計の方法，実験の方法の3つの方法のうちでは他の変数を一定にする点で優れている実験の方法が最も理想的としつつ，実践的・倫理的な難しさから政治学研究で実験が用いられることはほとんどないとしていた。

　以上のように1970年頃までは，政治学において実験的方法は現実的な選択肢とみなされていなかったが，その頃から実験を用いた研究は増加し始め，近年その傾向はさらに顕著なものとなっている（Morton and Williams 2008）。その背景としては，前述の行動論主義が政治学に浸透していく中で，行動分析において実験心理学の方法を用いる政治心理学者らが出てきたことや，調査質問のワーディングの問題を検証するためのツールとして実験が有用であったこと，観察データの分析において統計的手法の限界が指摘されるようになり因果関係をより厳密に解明するためのツールとして実験が見直されてきたこと，などがある。また，政治学に経済学の方法論が応用され数理政治学が発展したことにより因果メカニズムの理論化が進んだ結果，そのような理論を検証する上で実験が用いられるようになったこともある（Druckman et al. 2006）。加えて，実験においては実験者が独立変数を操作すると共に従属変数が変化する過程を観察することも可能であることから，自己申告による調査と比べて測定の誤差が小さくなり，心理過程のより詳細な分析が可能である，といった指摘もある（McDermott 2002）。さらに近年は政治学方法論においても，実験の方法を再評価する議論がある（Gerring and McDermott 2007；加藤他 2009）。

　これまでの実験研究の事例は，投票参加（Palfrey and Rosenthal 1985；Gerber and Green 2000）や政党帰属意識（Cowden and McDermott 2000），メディアの効果（Iyengar and Kinder 1987；Kahn 1994），など投票行動に関連する研究や，委員会の決定ルール（Fiorina and Plott 1978；Niemi and Frank 1985），陪審制や討議（Guarnaschelli et al. 2000；Druckman and Nelson 2003）のように制度に関するもの，外交における意思決定モデルの検証（Geva et al. 2000）など，多様な分野にまたがっているが，実践的もしくは倫理的な理由から実験による検証が困難な研究対象ももちろん存在する。また，日本の政治学における実験研究は非常に少ない状況であったが，近年増加傾向にある（河野・西條 2007；堀内他 2005；若尾 2004 など）。

1.3.2. 社会科学における実験という方法

　以上のように，政治学において実験の方法が見直されてきているが，この場合の実験は，人間の現実の決定や社会における行動の解明を直接の目的としているため，自然科学で通常想定される実験の方法とは異なる側面を持つ。そこで，ここでは社会科学における実験という方法について確認しておくこととしたい (Shadish et al. 2001; Babbie 1983)。実験は，「少なくとも一つの統制群の測定と少なくとも一つの実験群の測定とが比較できるようなデータを集める方法」，「意図的に導入された介入の効果を観察する研究」などと定義され，無作為化実験（randomized experiment），準（擬似）実験（quasi‐experiment），自然実験（natural experiment）といった区別がなされている (Shadish et al. 2001, p12; ブルノー 1996)。

　無作為化実験（randomized experiment）は，これらの3つのうちでは最も実験対象となる変数以外の変数を一定にすることに優れており，実験対象となる単位を実験群（treatment group）と統制群（control group）に無作為（random）に割り当て，実験群にのみ，検証の対象となる独立変数に基づく何らかの介入を行い，実験群と統制群における従属変数の値の比較を行う，というものである。実験参加者（被験者）等を，実験群と統制群にランダムに割り当てることにより，検証の対象となる変数以外の変数が一定に保たれる。準実験（quasi‐experiment）は，実験環境の制約などにより，実験群への割り当てが実験参加者自身の選択やその他の事情により行われるため，無作為な割り当てが行われない場合を指す。この場合には，検証対象となる変数以外の変数が従属変数に影響を及ぼしている可能性がないかどうか確認するために，実験が行われる前の実験群と統制群におけるその他の変数の比較が必要となる。自然実験（natural experiment）は，現実に起った実験に近い状況を利用してデータ分析を行うもので，経済学においてしばしば用いられてきたが，近年は政治学においても，変数の特定の値を境に制度などの条件が異なる状況を利用して当該値とその周辺値のデータを用いて行う Regression Discontinuity Design 等が行われるようになっている(Gerber and Green 2008)。以上の3つは実験において異なる条件がどう与えられるか（treatment）の違いによる分類であるが，実験の行われる環境により実験室実験とフィールド実験の区別がなされることもある。前者は実験者の実験計画の枠組内で行われるが，後者は実際の選挙の

機会などを利用して行われる。

　社会科学における実験の多くでまず問題とされるのは,「内的妥当性（internal validity）」であり，これは，当該実験において観察された独立変数と従属変数の関係を因果関係とみなすことが妥当かどうかに関するものである。因果関係とみなすためには，独立変数が従属変数よりも先に起っていること，独立変数と従属変数との間に相関関係があること，独立変数と従属変数の関係について他の説明変数が存在しない（すなわち，擬似相関ではない）ことが必要である。特に準実験において内的妥当性を検討する上で確認すべき点として，時間的先行性，実験参加者選択，実験外の環境，時間的変化，参加者の脱落（attrition），テストの効果，測定の性質の変化，加えて以上の点の相乗効果，などが指摘されている（Shadish et al. 2001）。

　その他に，個々の具体的な実験がより一般的・抽象的な命題の検証になっているかどうか，という「構成妥当性（construct validity）」も重視されている[6]。この構成妥当性は命題に対応した実験デザインを要請するが，特に政治行動研究では，現実の政治的環境を実験室において再現するのが難しいことが多く，例えば国際政治における国家間交渉を研究対象とする場合に，学生を各国代表とするロール・プレイを用いての検証が妥当かどうかは議論の余地があるであろう。これに対し，フィールド実験や自然実験は，現実の政治状況を利用するため，構成妥当性は問題となりにくい。そこで例えば，投票時の意思決定過程を研究したい場合に，実験室で投票時の状況をつくりだすのが難しいため，実際の選挙のタイミングに合わせてフィールド実験が行われるなどしている（堀内他 2005 など）。とはいえ，これまでの研究では，Iyengar and Kinder（1987）によるニュース視聴の効果の実験で，実験室にテレビと共に雑誌やコーヒーを用意するなどしてできるだけ自宅でニュースを見る時に近い状況をつくるといった工夫も行われている。

---

[6] この場合の検証される命題と具体的な実験との関係は，検証仮説と作業（操作化）仮説との関係に類似しているが，後者の関係において検証仮説から作業仮説がどう導き出されるかが問題となるのに対して，前者の関係においては具体的な実験から検証仮説への一般化，という逆の方向の議論もありえ，具体的な実験結果のパターン化次第では当初の命題（仮説）がさらに一般化される可能性もある。

以上の内的妥当性と構成妥当性が認められた場合に、ある命題についての因果関係が立証されるが、この場合の命題は、当該実験の参加者に関する存在（特称）命題であって全称命題ではない。すなわち、個々の実験においては参加者や実験環境が限定されることが多いため、その結果が参加者以外の人々や実験時以外の時点についてどれほど一般化可能であるかは別の問題である。例えば心理実験ではしばしば大学生を対象に実験が行われるため、その結果が大学生以外にも当てはまるかどうかが議論となっている (Sears 1986)。これらは実験の弱みとしてしばしば指摘される「外的妥当性 (external validity)」の問題である。これに対しては、参加者について一般化できるように研究対象となる母集団からの十分な数の無作為標本を対象に実験を行ったり、時空間については異なる時点や地点においても同様の実験を行い、できるだけ実験参加者や実験環境の範囲を広げることが理想的な解決策となろうが、そのような方法は現実には難しい[7]。そこで実践的な対応策として、作為的に参加者や環境について多様性を持たせて実験を行い、大きく異なる状況でも同じ結果が出るかどうかを検証する方法や、典型的な属性や状況をいくつか想定してそれぞれについて標本抽出を行うといった方法が提案されている (Shadish et al. 2001)。

以上述べたそれぞれの妥当性に配慮しつつ実験デザインが組まれることとなるが、実験の実施に際しても様々な注意事項がある (McDermott 2002; Shadish et al. 2001)。例えば、期待効果 (expectancy effects) などと呼ばれ、参加者が一定の行動（仮説通りの行動）をとることを実験者が期待していることが意図的ではなくとも伝わってしまう、という傾向がある。これに対しては、仮説を知らない人を雇用し実験の手順のみ伝えて実施してもらう、といった対策がとられよう。また、倫理面について十分に注意を払う必要があるが、倫理的問題は本書の主題であるニューロポリティクスにおいても重要であるので、第7章で詳しく取り上げることとしたい。

以上見たように、実験という方法には強みも弱みもあり、特に外的妥当性にはよく留意した上で適所に用いることが求められる。McDermott (2002) は、実験が特に有用である場合をいくつか挙げている。(1) 他の方法によ

---

7 討議制の実験には、実験参加者の無作為抽出を行うものもある (Luskin et al. 2002 など)。

り矛盾する研究結果が得られた場合,(2) 数理モデルの実証的検証が必要な場合,(3) 既存研究で検証された特定の過程を別の方法で検証したい場合,(4) 因果関係を強力に支持するための証拠が必要な場合。脳神経科学実験の導入も,以上のような政治学における実験の有用性の認識の延長に位置付けることができる。

1.4. 政治に関するこれまでの脳神経科学研究

前述のように,政治的態度や行動に関する研究はこれまで心理学的方法（質問調査や行動実験）を用いて行われることが多かったが,fMRIなどの脳機能計測技術の発展により脳神経科学の方法が社会科学の研究対象にも応用可能となり,認知,態度形成,意思決定といった心理的過程が従来「ブラック・ボックス」であった脳内において実際にはどうなっているのか,の検証が可能となった。

政治に関する実証研究についても脳神経科学実験を導入した事例が今世紀に入って報告され（McDermott 2009; Tingley 2006; 蒲島・井手 2007）,2003年には学術誌 *Political Psychology* の24巻4号において神経科学の特集が組まれるなどニューロポリティクスに対する関心の高さが示された。とは言え政治学者が神経科学者と共同で行った政治行動の神経科学実験が専門誌に論文として掲載されたのは今回の我々の実験結果の報告（Kato et al. 2009）が初めてである。よって政治学者によるニューロポリティクス研究がまだ少ない状況をふまえ,本節では神経科学者や心理学者による政治行動研究や神経経済学研究のうち政治に関連するものも見ておくこととしたい。

1.4.1. イデオロギー

イデオロギーに関する研究は,戦後の「イデオロギーの終焉」の議論とともに衰退する傾向にあったが,その後,イデオロギー概念の有用性が見直されている（蒲島・竹中 1996; Jost 2006）。これに呼応するように,脳神経科学においても,支持するイデオロギーが異なる人々の間では,(日常的に行われるような) 自身の環境を認知する過程に違いがあることを示唆する研究が近年報告されている。アメリカにおいては,イデオロギーは

主に保守主義（conservatism）とリベラル主義（もしくはリベラリズム：liberalism）の違いとして捉えられているが，アメリカの心理学者 Amodio らは，リベラル主義者と保守主義者で認知過程の傾向が異なることを報告している（Amodio et al. 2007）。実験においては，43 名の被験者に自身の保守・リベラル度を回答してもらった後，心理学等で用いられる Go / No - Go 課題を遂行してもらい，課題中の被験者の脳波[8]を記録している。Go / No - Go 課題とは，ある刺激が示されると素早く反応し（Go），別の刺激では反応しない（No - Go）というものであるが，ほとんどの回で"Go"の刺激が示されるため，反応する習性が生じ，"No - Go"の場合でも反応しがちになる。実験においては，リベラル主義者の方が No - Go に正しく反応し，変化に適応しやすい傾向が示唆された。それに対応するかたちで，リベラル度と（習慣的反応と異なる反応が求められる事態を察知するとされる）前頭葉にある前帯状皮質（anterior cingulate cortex: ACC）の背側[9]の活動に基づく指標との間に相関が見られるとし，保守やリベラルといった政治的志向に前頭葉の認知コントロールの働きが関わっている可能性を示している。

1.4.2. 人種の認知

人種に関する認知や態度については，政治心理学・社会心理学の両分野にまたがっていることもあり，脳神経科学研究が比較的に進んでいる（Eberhardt 2005）。Phelps et al.（2000）は，自身とは異なる人種を認知する際に（情動と関連があるとされる）扁桃体（amygdala）という脳部位がより強く活動することを報告している。この実験では，20 名の白人に対して黒人もしくは白人の顔写真を示している間に fMRI 撮像が行われ，頭部が過度に動いた人を除く 14 名において，白人より黒人の写真を見た際により強

---

[8] 脳波など脳機能計測の方法については第 2 章で簡単な説明を行っている。
[9] 脳部位の特定には，外側（ガイソク：lateral），内側（ナイソク：medial），前部（ゼンブ：anterior），後部（コウブ：posterior），背側（ハイソク：dorsal），腹側（フクソク：ventral），といった用語が使われている。外側・内側は頭部の左右，前部・後部は前後，背側・腹側は上下，に対応しており，2 種を結びつけて背外側部（dorsolateral）のようにも用いられる。背側・腹側は，人間の背と腹に対応しないが，ネズミなどの動物では背中側と腹側が上下に対応することから来ている，という。

く活動した扁桃体の活動と，質問調査回答や「まばたき」などの行動レベルの指標との間に相関があるかどうかの検証が行われた。その結果，無意識下の評価（この場合は人種の評価）を測定しているとされる潜在的連合テスト（Implicit Association Test: IAT）[10] に基づく指標やまばたきに基づく指標と脳活動の間には相関があったのに対し，質問調査（Modern Racism Scale）における意識的な回答と脳活動の間には相関がないことが示されている。

　さらに Cunningham et al.（2004）は同様の実験において，自分とは異なる人種の認知が前頭葉の活動によりコントロールされている可能性を示している。fMRI 撮像では，20 名の白人に対して，黒人と白人の顔の写真がそれぞれ 30 ミリ秒間と 525 ミリ秒間示され，頭部が過度に動いた 4 名と顔が認知できなかった 3 名を除く 13 名のデータが用いられた。その結果，写真が短い時間（30 ミリ秒間）示された場合には，黒人の場合に情動と関連の強い扁桃体がより活動する傾向が強く，写真を示す時間が長くなると（525 ミリ秒間），認知コントロールと関連の強い背外側前頭前野[11]（dorsolateral prefrontal cortex: DLPFC）や先に言及した前帯状皮質といった領域がより活動する傾向が示された。さらに，前頭葉の活動が強いほど扁桃体の活動が減少する傾向があったことから，社会的認知において，扁桃体の活動に表れる反射的認知が前頭葉の活動によってコントロールされている可能性を示している。

　Cunningham らの研究結果は，他人種に対する偏見などがコントロールされるメカニズムを示唆し，民主主義と深い関わりのある政治的寛容性（Sullivan et al. 1982）の解明に向けて一石を投じている。Phelps らの研究では扁桃体の活動と IAT やまばたきといった無意識的反応の指標との間に相関が示され，意識的な質問回答との間には相関がないとされたが，IAT テストが扁桃体の活動に表れる反射的な反応を測定しているのみで，前頭葉の活動が加味された態度が意識的な回答に表れているという可能性はまだ残っていると言えよう。

10　IAT テストについては, Greenwald et al.（1998）を参照されたい。実際にテストを受けることができるサイトは，https://implicit.harvard.edu/implicit/japan/（アクセス日：2011 年 7 月 6 日）。
11　前頭前野は前頭葉の前方部分である。

1.4.3. 候補者の認知

　候補者の認知についても，前頭葉を中心とした認知コントロールの可能性が示されている。2004 年アメリカ大統領選挙候補者の認知を取り上げた Kaplan et al. (2007) は，候補者認知における前頭葉の活動によるコントロールについて，人種の場合とは異なるメカニズムの可能性を議論している。この実験研究では，民主党員と共和党員それぞれ 10 名ずつの 20 名を対象に，2004 年アメリカ大統領選挙候補者の写真を見ている間に fMRI の撮像を行っている。分析の結果，自分の支持しない候補（対立候補）を見ている時に，自分の支持する候補を見ているときよりも，情動の関連領域とされる島皮質（insula）や側頭極（temporal pole）の前部と共に，認知コントロールの関連領域である背外側前頭前野や前帯状皮質の後側がより強く活動したとしている。また，実験参加者が各候補者を見ている間にどう感じたかの回答に基づく指標と脳活動の間に相関が見られた部位としても，島皮質や背外側前頭前野などが報告されている。自分の支持しない候補を見ている時に，認知コントロールに関連しているとされる背外側前頭前野や前帯状皮質の後側がより強く活動していたことについては，①対立候補を見て起こった否定的感情を抑制している，②対立候補に対する肯定的感情を抑制している，③対立候補に対する否定的感情をさらに強めている，という 3 つの可能性を挙げ，総合的に見て③の可能性が高いとしている。この結果は一見寛容性とは反対の方向を示しているようにも見えるが，候補者の認知と人種の認知は政治的意味も異なるため，さらなる検証が必要である。

　他方，候補者の認知に関しては，情動が認知コントロールを凌駕する場合について検証した研究も報告されている。心理学者の Westen らは，2004 年アメリカ大統領選挙候補者を取り上げ，政治的判断において情動による偏った推論が導かれる場合があることを指摘している。情動により推論が左右される状況は，「動機付けられた推論（motivated reasoning）」として心理学において議論されてきており（Kunda 1990），Westen et al. (2006) は，政治的認知の事例を用いて，「動機付けられた推論」が脳活動に表れていることを報告している。fMRI 実験の参加者は，22 〜 55 歳の右利きの男性で，共和党と民主党それぞれの熱心な支持者が 15 名ずつの計 30 名である。fMRI 撮像に際して行われたタスクは，2004 年大統領選の候補者であった

ブッシュとケリーに加えて政治的に中立な有名人（トム・ハンクス等）について，いくつかの言動が示された後にそれらの言動が矛盾していないかどうか推論を行う，というものであった[12]。分析の結果，自分の支持する候補者についての矛盾が示された場合にその矛盾を否定する傾向があり，その際に情動との関連が指摘される島皮質や報酬系（後述）の一部である前頭眼窩皮質（orbitofrontal cortex: OFC）といった部分がより強く活動していたことから，政治的判断において「動機付けられた推論」が認められる，としている。政治に関する脳神経科学研究において理論モデルの検証は今のところあまり多くないが，今後はこの実験に見られるような理論の検証や，意思決定モデルの検証が望まれよう（ニューロポリティクス研究における今後の可能性については，第7章で論じる）。

　候補者の認知については前述のIATテストを用いたfMRI実験も行われている（Knutson et al. 2006）。神経科学者らによるこの実験においては，イデオロギーと政党支持において中立でない実験参加者が，著名な民主党と共和党の政治家の顔[13]と快い言葉もしくは不快な言葉を結びつけるタスク

12　手短に述べると，例えばブッシュの場合には，①ブッシュが2000年選挙の際にケン・レイ（エンロンのCEO）を賞賛していることが示され（15秒），②今ではケン・レイに触れず，エンロンを批判していることが示され（12秒），③①と②の間に矛盾があるかどうか考慮し（7秒），④矛盾があるかどうか回答し（5秒），⑤ブッシュはケン・レイに裏切られたと感じていることが示され（12秒），⑥再度①と②の間に矛盾があるか考慮し（7秒），⑦矛盾があるかどうか回答する（5秒），といった流れであった。ケリーの場合には，①ケリーが1996年選挙の際に，社会保障制度は見直しが必要で議会は退職年齢の引き上げや給付金の見直しを検討すべきと述べた，ということが示され（15秒），②今年ケリーは高齢者に対する給付金削減や課税，社会保障の対象年齢引き上げは決して行わないと誓った，と示され（12秒），③①と②の間に矛盾があるかどうか考慮し（7秒），④矛盾があるかどうか回答し（5秒），⑤経済専門家によると，社会保障制度予算は1996年時には2020年に枯渇すると考えられていたが，今では2049年まで枯渇することはないと考えられている，と示され（12秒），⑥再度①と②の間に矛盾があるか考慮し（7秒），⑦矛盾があるかどうか回答する（5秒），といったものであった。

13　この実験では，両党の政治家の名前（文字）についても顔の場合と同様のIATを行っているが，名前の場合にはIATにおいて支持する政治家の場合と支持しない政治家の場合の反応時間に有意差が報告されていない。

を行っている間にfMRI撮像を行っている。24名の被験者のデータを分析した結果，顔に対する肯定的／否定的評価と扁桃体の活動，評価の強さと前頭極の活動，政党支持の強さと外側前頭前野の活動との関連が示されている。

1.4.4. 政治的洗練性

政治的洗練性（political sophistication）や市民的能力（citizen competence）は民主主義をめぐる重要なテーマの1つであり，政治学においては，何が民主政治の構成員としての能力を構成するかをめぐる議論が行われてきた（Kuklinski and Quirk 2001）。洗練された政治的思考がよりよい民主政治に必要であるのならば，そのような思考過程の実態解明は重要な研究対象となる。カリフォルニア大学ロサンゼルス校（UCLA）で政治学を学んでいたDarren Schreiberは，同校の神経科学者と共同でfMRI研究を行い，従来とは異なる政治的洗練性の捉え方を提示している（Schreiber and Iacoboni 2004; Schreiber 2007）。Schreiberらは，政治的洗練性が自転車に乗れるようになるといった類の洗練性と同様に習慣的で反射的なものであるとするLieberman et al.（2003）の提示する仮説を採用している。

Liebermanらは，脳の認知過程において，自動的・規則的に処理を行うXシステム（refle"x"ionから命名）と意識的に処理を行うCシステム（refle"c"tionから命名）があり，CシステムはXシステムが外部からの刺激に対して一貫した処理ができなくなると作動する，とする。Xシステムは，脳内の外側側頭皮質や扁桃体などから構成され，Cシステムは前頭前野や前帯状皮質などから構成される。このシステム二分法によると，自転車に乗れるようになる過程は，Cシステムによる処理からXシステムによる処理への変化として捉えられる。この議論を政治的認知にも応用したのが，政治的に洗練されている人はCシステムではなくXシステムで政治を認知しているのではないか，とする仮説である。心理過程において2つの異なるルートを区別するこのような考え方は，心理学に広く見られ，Cシステム，Xシステム，といった表現の他にKahneman（2003）のシステム1，システム2など，様々な用語を使って議論されており，それらを総称した「二重過程論（dual-process theories）」といった名称も用いられている（Chaiken and Trope 1999）。本節で取り上げる先行研究事例においては，

既に見たようにヒトにおいて大きく発達している前頭前野における脳活動を中心とする認知過程と，脳の進化的発達過程において比較的古い大脳辺縁系における脳活動を中心とする情動的反応，の2つの異なるルートを対比する議論がしばしば見られる。

　Schreiber らは，政治洗練者（political sophisticates）と洗練されていない政治初心者（political novices）の間に前述の2つのシステムの区分に沿った異なる政治的認知過程が見られるかどうかを検証するため，fMRI を用いた脳画像撮影を行っている。撮像は，18名の UCLA 大学生（政治洗練者として共和党クラブ員と民主党クラブ員が6名ずつ，残る6名が政治的知識の低い政治初心者）に対して行われた。撮像には3つのセッションがあり，参加者全員がそれぞれのセッションにおいて28の文章を聞いた後，文章に対し賛成または反対のボタンを押す，というタスクが行われた。文章には政治的なものとそうでないものの2種類がランダムに含められ，脳画像解析では政治に関する文章を聞いた時とそれ以外の文章を聞いた時で脳活動に差のあった部分が検出された。その結果，政治洗練者の場合には後帯状皮質を中心とした部分がより強く活動したのに対し，政治初心者にはより強い活動の見られる部位がないといった違いが示され，仮説の一部が確認されたとしている。

　政治的洗練性が他の洗練性と同様に反射的なものである，とする捉え方については，反射的に答えることができるのは回答が単純化もしくはルーティン化されている場合，とも考えることができ，ステレオタイプもしくは短絡的な考え方＝洗練性，という捉え方になる虞も考えられる。とは言え，党派性の強さの違いが政治についての質問に回答する際の脳活動の違いにも表れていることが示されたことには先駆的な意味があろう。

1.4.5. 攻撃性・暴力

　人間の攻撃性や暴力に関しても，脳神経科学の観点から研究が行われている。攻撃性や暴力は，間接的には政治的態度や規範をめぐる意思決定や行動に影響を与えるであろうし，暴力は集団で行われれば，武力紛争や戦争といった政治学で扱う現象につながることから政治現象の構成要素とも言える。

国際政治の分析への合理的選択論の適用を（否定ではなく）修正する見地を与えてくれるものとして人間の生物的制約に注目するRosenの著作（2005）は，脳神経科学の方法を用いた実証研究ではないが，情動や記憶と共に人間の意思決定に影響を与える要因として，攻撃性との関連があるとされるホルモンのテストステロン（testosterone）が行動に与える影響について議論している。このような研究は，政治心理学におけるパーソナリティ研究の延長と考えることもできよう。国際政治における状況を実験室やMRI装置の中で再現することは，政治家の写真を提示するといった国内政治の場合よりもさらに困難が予想されるが，Rosenは実験やロール・プレイ，シミュレーションを用いた実証研究を提案している。また政治行動への生物学的な影響を実験研究する数少ない政治学者の1人であるMcDermottは，Rosenと共に，危機シミュレーションゲームを用いて，テストステロンと攻撃性の関連を検証している（McDermott et al. 2007）。

1.4.6. 神経経済学（Neuroeconomics）

以上に加えて，他の社会科学分野における脳神経科学研究にも政治に関連するものが見られる。経済学では神経経済学という一分野が生まれるに至っており，神経科学の手法を用いて「リスクと不確実性下の意思決定」や「異時点間選択」などの解明に取り組んでいるが（Glimcher et al. 2009; Loewenstein et al. 2008），この神経経済学のトピックの1つである「社会的意思決定（social decision-making）」は，公共選択や集合行為論と呼ばれる政治学と経済学の重なる領域にある問題に密接に関連している。より具体的には，協力行動や非協力に対する懲罰行動に関連する脳活動の解明が挙げられるが，その特徴として，線条体（striatum）や前頭眼窩皮質または腹内側前頭前野（ventromedial prefrontal cortex: VMPFC），扁桃体，といったドーパミンニューロンの投射を受ける報酬系の活動が多く報告されている（春野他 2009）。

協力行動に関しては，公共財問題と同じ利得構造を持つ囚人のジレンマゲームを用いて協力の神経的基盤の解明が試みられており，2人のプレイヤーが相互に協力した場合に，前述の線条体の下部にある側坐核（nucleus accumbens）や線条体の上部にある尾状核（caudate nucleus）といった報酬系の部位が活動していることから，協力行動が互恵的な利他行動を強化

しているのではないか，とされている（Rilling et al. 2002）。また，Singer et al. (2004) は，囚人のジレンマゲームを行う際，協力的なプレイヤーの顔を見た場合に左側の扁桃体や両側の島皮質などと共に報酬系が活動したとしている。さらに，信頼ゲームにおいて，尾状核の活動が，相手に信頼された後その相手を信頼するかどうかを予測し，その活動において，強化学習モデル（reinforcement learning: Sutton and Barto 1998）と同様の報酬予測誤差のシフトが生じていることも報告されている（King‐Casas et al. 2005）。これらの研究からは，一度やり取りをした相手が協力／信頼できる人かどうかが，強化学習と同じ報酬のメカニズムを通じて学習されていることが，うかがわれる。

　また，協力しない人やただ乗りをする人に対しては，自らコストを払ってまでもその人を罰しようとする人がいることがわかっている。そのような行動は「利他的懲罰（altruistic punishment）」と呼ばれ，人間の協力行動が進化する上で重要な役割を果たしたとされている（Fehr and Fischbacher 2003）。陽電子断層撮影（PET）[14] を使った de Quervain et al. (2004) では，信頼ゲームの一種を行っている間に，信頼が裏切られたことが判明し裏切った相手を罰することを決めた際の脳活動を計測したところ，尾状核が活動し，その活動が強い人ほど罰するのにかけるコストを厭わない傾向が見られた。この結果から，違反者を罰することが満足につながっていることが示された，としている。以上に見た先行研究では，協力する，協力しない相手を罰する，といった規範に沿った行動をとる際に，報酬系の脳部位が活動することが示されている。

1.5. ニューロポリティクス研究の意義

　以上見たように，政治に関する行動の様々な側面について，脳内で何が起っているのかを解明しようとする研究が行われている。このように政治行動に関わる脳活動を見ていくことでどのような新たな貢献がなされうるのであろうか？このような研究が政治学に新たに加わることに意味はある

14　陽電子断層撮影も脳機能計測の方法の1つである。第2章で簡単な説明を行っている。

のだろうか？

　ニューロポリティクスが主として政治学と脳神経科学の学際的プロジェクトであることをふまえ，本節ではまず政治学にとって脳神経科学の方法を導入する意義は何かについて，次に脳神経科学にとって政治行動を研究対象とすることの意義や科学論文のあり方について，述べることとしたい。

1.5.1. 政治研究に脳神経科学の方法を用いる意義

分析レベルの広がり　ニューロポリティクスの貢献としてまず初めに考えられるのは，政治行動の分析のレベルが1つ深まるという点である。政治学においては，様々な方法論（歴史的，数理的，心理学的方法等）を用いて国家から個人に至るまで様々なレベルでの分析が行われているが，脳神経科学の方法を用いることで人間の政治行動を司る脳のレベルまでカバーされ，様々な角度からの政治行動，ひいては政治現象の理解が進みうる。

　もちろん，脳のレベルに焦点を当てることは，人間行動を脳活動のレベルで全て説明しようとすることにはならない。確かに研究者の間でも，心的過程は全て脳機能や神経伝達物質など生物学的枠組みによって説明が可能であるとする還元主義（reductionism）をめぐって議論が行われているが（Miller and Keller 2000; Marshall 2009），心的過程を理解するためには，心理学特有の法則や概念が必要となる（Anderson 1972）のと同様に，政治行動を理解するためには政治学特有の理論が必要とされるのである。

　分析のレベルが増えるということは，1つのレベルにおける説明が他のレベルにおける説明を制約することでもあり，言い換えれば，分野間で齟齬の生じる理論や考え方は否定され，淘汰される可能性が生じる。例えば複数の政治的態度のモデルを評価する場合に，脳活動データとの整合性が高いモデルの方が高い評価を得る，といった具合である。このように人間行動の分析は，それぞれの分野（政治学，心理学，神経科学など）の中で独自に進められるのではなく，分野間での相互の理解や検証が進むことで，より精緻化された説得力のある理論が形成されることとなろう。

心理過程の解明　脳内の活動を解明することは，行動を説明する際にブラック・ボックスとなっていた心理過程のメカニズムを

を解明することでもある。従来の行動分析においては、投票行動を説明する政党支持や争点態度といったように、ある行動を説明する変数が複数挙げられることが多いが、統計的に変数間の（因果）関係を説明できたとしても、そのメカニズムは観察された行動からの推測である。また質問調査データの分析などは集合的・全体的な傾向を明らかにするものであり、実際に個人内でどのような情報処理がなされているかを明らかにしているわけではない。それに対して、脳神経科学の方法の導入により実際の情報処理プロセスが明らかになる可能性が出てきた。実験政治学の意義においても因果関係の解明について述べたが、ニューロポリティクス実験によって、従来の質問調査研究では明らかにすることができなかった実際の心理過程を明らかにできる可能性が出てきたことには、非常に大きな意義があると言えよう。加えて近年の数理政治学の発展によって、政治的意思決定について様々なモデルが構築されている。脳神経科学の方法を用いて脳内の意思決定過程を明らかにすることができるならば、合理的意思決定が脳内ではどのように実現されているのか、また「合理的」ではない意思決定の場合についてはどうか、といった点について明らかにすることが可能になる。そのような研究は、特定の政治的意思決定モデルの妥当性を検討する上で、1つの科学的根拠を提供することができると共に、新たな仮説構築にもつながりうると考えられる。

　また、前述のように近年、政治的意思決定における情動・感情の重要性が再認識されている（Marcus, Neuman, and MacKuen 2000; McDermott 2004）。意思決定における情動の役割については、一方では情動が意思決定において役に立っており、その意味で情動を非合理的として排除しがちであった合理性の再考を促している。しかしながら他方では、先に紹介した「動機付けられた推論（motivated reasoning）」のように「非合理的」とみなしうる意思決定過程も指摘されている。情動や感情を行動レベルで客観的に測定することが困難であることを考えれば、この情動の役割については脳神経科学に期待できる部分が大きいのではないだろうか。政党支持やそのベースとなる価値観の形成および作用や政治的認知・意思決定の過程などを明らかにする上でも、情動・感情をめぐる過程の物理的な実態を示す脳機能の理解は重要と考えられる。

測定方法の補完性　以上に加えて，脳神経科学の方法を利用することによって，従来の自己申告の回答では測定の難しかった態度などを明らかにすることができる可能性がある。調査における質問には大きく分けて2種類があり，1つ目は前回選挙で投票したか，といったような行動や事実に関する質問，2つ目は，ある争点に対する賛否，のような何らかの事柄についての意見や態度である（Tourangeau et al. 2000; Schwarz 1999）。行動や事実に関する質問については，忘却や勘違いといった記憶をめぐる問題が生じ得（Price and Zaller 1993; Silver et al. 1986），意見や態度を聞く質問の場合には，質問の順序によって回答が左右されるといった質問効果（question effects）が指摘されている（Schuman and Presser 1981）。

　特に意見や態度についての質問は，Converse の指摘するように，しばしば一貫性に欠けることがよく知られている（Converse 1964, 1970）が，それに加えて政治に関する質問は，政党支持やイデオロギー，規範に関するものなど，答えにくいものが少なくなく，正直に答えなかったり，「正しく」答えようとしたり，といったことも起こりやすい。

　前節で紹介した Phelps et al.（2000）では，Modern Racism Scale という質問調査における意識的な回答と扁桃体の活動の間に相関が見られなかった一方で，無意識下の人種評価を測定しているとされる潜在的連合テスト（IAT）やまばたきの指標と扁桃体の活動の間には相関が確認されている。質問項目によってはIATやまばたきの指標など，意識的に回答する調査質問以外の行動レベルの測定方法が存在しうるが，場合によっては脳機能計測による測定以外に方法がなくその方が政治的態度の実態を正確に把握できる，といった可能性も考えられよう[15]。

　また心理学や認知科学の先行研究においては，質問に回答する過程を，質問の理解，判断，といったように細分化した上で解明が行われているが（Thurstone 1927; Tourangeau et al. 2000），脳機能計測によって脳内の実際の情報処理過程と照らし合わせた解明も可能になるかもしれない。

15　従来の行動レベルの測定の限界に対して，脳レベルの測定の補完性に期待する類似の議論として，精神鑑定をめぐるものがある（河島 2008）。

1.5.2. 脳神経科学にとっての政治（学）の意義

　ニューロポリティクス研究は，政治学が脳神経科学の知見や方法を導入することと同時に，脳神経科学にとっても政治が研究対象となりうることを意味している。とは言え，脳神経科学にとってあえて政治を取り上げることに何らかの意義はあるのであろうか。ここでは脳神経科学が政治行動や政治的認知を研究対象とすることで新しく得られる知見について考察を行いたい。

　前節において取り上げた先行研究のうち，政治学者によるものは政治的洗練性の事例など数が少なく，その多くは心理学者や神経科学者によるものであった。これらの事例から，脳神経科学が政治行動を取り上げる理由の1つとして，政治行動が特に強い感情的反応を伴いがちな点が考えられる。「動機付けられた推論」のような理論の検証を行う上で，政党支持者を参加者とし大統領候補の認知を取り上げたのは，政党支持者は支持する候補者に対して強い感情を持つと考えたためであろうと推察される。

　他方，神経経済学でも取り上げられている協力行動や利他性などは，公共性に関わるものであり，元来，政治の領域にあると言える。公共の問題に関する社会的意思決定を司るのが政治であり，それ自体，人間行動において重要な側面を占めることは論を俟たないであろう。このことを反映して，政治をめぐる行動や心理過程を取り上げ，その神経的基盤や脳内過程を明らかにすることの重要性は，自明とされている感もある。

　このような状況をふまえて，政治学の側から望まれるのは，これまでに蓄積された政治行動の理論や政治的意思決定・情報処理モデルが脳レベルの研究においても利用され政治行動・政治的認知の理解がより進むことである。この点については今後の方向性について考察する第7章においてもう一度述べることとしたい。

　また，政治的認知や政治的意思決定を解明するための実験を行うにあたって，本章第3節で言及した「構成妥当性」や「外的妥当性」は非常に重要であり，そのためには現実政治に精通する政治学者が重要と考える政治行動や政治現象を取り上げて，現実の状況になるべく近い状況を実験系で復元することが有効な方法と考えられる。第4章で紹介する今回のfMRI実験は実際の選挙キャンペーン広告を用い，それを試みている。

　政治学における脳神経科学研究は始まったばかりであり，出版された先

行研究の数は少なく，新しい試みであること等を反映して論文によってはやや雑な議論も見られる。そのような状況に対してここで確認しておきたいのは，科学論文のあり方についてである。政治学における雑誌論文は 20 〜 30 ページ程度が通常であり，その中で複数の仮説が検討されたり，規範的な議論が行われるなどしている。他方，自然科学の論文は数ページと短いことが多く，1 つの仮説について実験等によって検証を行うことが多い。Camerer (2008b) が指摘するように，自然科学においては，1 つ 1 つの論文から得られる含意や全体像は限定的だが，様々な視点からの分析の結果を報告する論文が査読雑誌で多数公表され蓄積されると共に，共通領域の研究については研究結果を総覧する，いわゆるレヴュー（総説）論文においてそれらに一貫するテーマやさらなる問い等が確認される，ということを念頭においておくことが重要である。たとえ一本の論文の含意が限定的であったり，問題点があったとしても，同じような仮説に関して研究が積み重ねられ理解が深まる，といった自然科学によく見られる過程は，対象とする研究課題をより大きな問題と関係づけることを当初から重視する政治学研究によく見られる形式とは異なる。しかしながら，それだけに相互補完的な発展も期待できよう。

第2章 ニューロポリティクスの方法

2.1. はじめに

　前章では，政治的認知や政治的意思決定に関する脳神経科学の方法を用いた実験研究を紹介したが，その際にはそれぞれの研究で用いられた脳神経科学の方法についてあまり詳しく触れず，主な研究結果とその含意を中心に述べた。

　既に述べたように，政治学では研究対象は「政治」と統一されているが研究の方法は様々であり，統計学や数理モデル，歴史的記述など，全ての方法を完全にマスターしようとするならばそれだけで研究者としての一生が終わりかねないほどである。そのような事情を背景に政治学研究者は統計的手法をどこまで理解すれば十分かといった疑問が提起されることがあるが，それと同様に，政治学研究者が脳神経科学の方法をどこまで理解すれば十分かという問題も議論の余地があるであろう。

　とは言え，ニューロポリティクスの研究結果を読んで理解するためには，最低でもある程度の脳神経科学の知識が必要となる。本章では，現在政治学において脳神経科学の方法がほとんど知られていないに等しい状況であることに鑑み，ニューロポリティクスの研究結果を理解する上で役に立つ範囲で，脳神経科学の基本的知識と方法を取り上げ，簡単に紹介しておくこととしたい。なお，本章で紹介する内容は，特に第4章で紹介するfMRI実験研究を理解する上で有用となる内容を中心に取り上げている。より詳しい内容や関連事項については，本章で言及している参考文献を参照されたい。

第2節では，脳のしくみについて，その構造と機能を簡単に紹介する。第3節では，社会神経科学で頻繁に用いられる脳神経科学の方法である脳機能マッピング，特に非侵襲脳機能計測を取り上げる。第4節では，非侵襲脳機能計測の1つで最もよく使われており，今回我々の実験でも用いた機能的磁気共鳴画像法（fMRI）について，実験のデザインの仕方や解析の方法など，より詳しい説明を行う。

2.2. 脳の構造と機能 [16]

脳は，大脳，小脳，脳幹，脊髄，末梢神経から成る脳神経系において中心的な位置を占めている。ヒトでは大脳が特に発達しており，脳の大部分を占めているのが大脳である。大脳は厚さが1.5～4.5mmの神経細胞（neuron）の層であるが，小脳と同様に多くの溝があって，頭蓋骨の中に折り畳まれている格好となっている。また大脳の表面積は2,200～2,400cm²あるとされる。

19世紀後半に，フランスのBrocaによって，発話をすることができない患者の脳損傷が大脳の左半球前頭葉の下部後方にあることがわかり，その15年後にドイツのWernickeによって，発話を理解することができない患者の脳損傷が大脳左半球のBrocaの発見した部位とは別の場所にあることが明らかになった。これらの発見から，特定の脳機能は脳の特定の部位に局在する，とする脳機能局在説が広まるようになった。さらに20世紀には，感覚や運動を司る脳の部位について機能局在論が確立し，特に視覚に関しては細かい区分がなされるに至っている。

大脳は，前頭葉，頭頂葉，側頭葉，後頭葉，に分けられるが（図2-1），後頭葉には視覚野が，側頭葉の上部には聴覚野が，頭頂葉の前部には皮膚の感覚などを司る体性感覚野が，前頭葉の後部には運動野がある。これらの感覚性領野と運動性領野以外の部分は大脳連合野と呼ばれ，側頭連合野，頭頂連合野，前頭連合野から成っている。前頭連合野は前頭葉の前部にあることから前頭前野とも呼ばれている。大脳連合野は，視覚や聴覚といっ

---

[16] 本節は，Gazzaniga et al.（2009），田中（2008），田中・岡本（2006），渡邊（2005; 2008），八木（2006）を参考にしている。

た異なる感覚様相（sensory modality）の情報の統合を行ったり，高次の感覚・運動機能よりもさらに高次の脳機能を司っている。特に前頭前野は，認知の制御／コントロール（cognitive control）が要求される時に最も重要な役割を果たす，とされる。

　BrocaやWernickeの発見により脳機能局在説が広まると，脳機能が局在する基礎として脳の構造の違いが想定されるようになり，大脳の微細構造が研究されるようになった。20世紀初めには，ドイツ人のBrodmannが神経細胞の染色法を用いて，大脳がその部位によって神経細胞の層の数や各層の厚さ，各層を構成する神経細胞の種類や密度といった細胞構築（cyto-

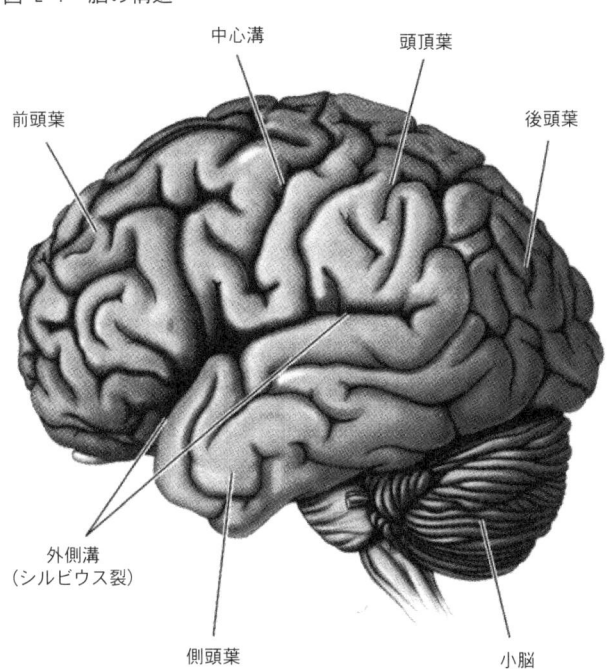

図 2-1　脳の構造

出典：ベアー他（加藤他監訳）2007『カラー版　神経科学―脳の探求―』西村書店，8頁。原著者・翻訳者の許可を得て転載。

architecture)[17]が異なることを明らかにしている。そうしてこの細胞構築の違いによって，大脳皮質を52の領野に分割した結果を報告している。これらのブロードマン領野（Brodmann's areas）は，その多くがその後の研究において異なる機能を持つことが確認されており，現在でも脳機能計測を行う研究者が頻繁に使用するTalairachらの「脳地図」で採用されるなどしている（Talairach and Tournoux 1988）。

　ヒトの脳神経系は約1000億個とも言われる数多くの神経細胞で構成されている。各神経細胞からはいくつもの突起が伸びて他の細胞と結合しており，結合部分であるシナプスの数は10兆個を超えるとも言われる。神経細胞は電気信号により情報を伝えるが，シナプスには，電気シナプスと化学シナプスがあり，後者では神経伝達物質（neurotransmitter）などによる化学的なプロセスによって細胞間で信号が伝わる。神経細胞には様々な種類があり，大脳皮質の神経細胞は大きく錐体細胞と非錐体細胞に分けられる。錐体細胞は文字通り錐体型をしており，大脳皮質の他の領野や皮質下の脳部位に出力を行っている。非錐体細胞は，2〜3mm以下の周辺の細胞と結合しており，介在細胞といわれる。

2.3. 主な脳神経科学の方法

　脳神経科学においては，神経結合のトレーシングや遺伝子操作法などミクロレベルでも様々な方法が用いられているが（田中2008），社会神経科学においては，よりマクロなレベルで特定の機能が脳のどの部位で行われているかを明らかにする脳機能マッピングの手法を用いた脳機能の研究が多くみられる。その具体的な方法としては，頭皮の外から非侵襲的に（すなわち，脳を傷つけずに）脳活動を測定し，活動している位置を推定する非侵襲脳機能計測や，脳の特定の部位に損傷のある人に特定の機能障害があるかどうかを見ることで，当該部位の機能を明らかにしようとする損傷研究，動物[18]の脳に電極を差し込み1つ1つの神経細胞の電気活動を記録

17　同様に層構造を持つ小脳では層によって細胞の種類が全く異なるのに対し，大脳の場合は層の違いが相対的で境界が明確ではない。
18　社会的認知の研究では，ヒトに近い霊長類の動物である場合が多い。

する単一細胞記録（single‐cell recording）などがあり，社会科学者による研究では，脳に損傷のないヒトを対象とした非侵襲脳機能計測が行われることが多い（Mitchell 2008）。そこで本節では，まず脳機能マッピングについて説明した後，非侵襲脳機能計測についてその概要を説明することとしたい。

2.3.1. 脳機能マッピング

今回我々の実験で用いた fMRI などの脳機能計測は，前述の脳機能局在説（視覚や聴覚といった脳の機能が脳の各部位に局在している，という説）を前提として，あるタスク（例えばビデオ映像の視聴や質問への回答）を行う際に脳のどの部位が活動しているかを明らかにする。そのような脳活動の計測の結果，脳機能マッピング（brain mapping / functional localization: 脳機能が脳のどの部位と関連しているかの特定）が行われる。

この脳機能マッピングにおいては，脳の部位が三次元の座標空間に表現される（図 2-2）。脳神経科学で通常用いられる座標軸は，頭の左右に x 軸が対応し，前後に y 軸が対応し，上下に z 軸が対応している。このようにして脳内の特定の位置を座標空間内に表すことにより，人それぞれ微妙に形状の異なる脳の部位を対応させることもできる。いわゆる標準脳の考え方である。

図 2-2 脳の xyz 次元表現（加藤他 2009 より改変）

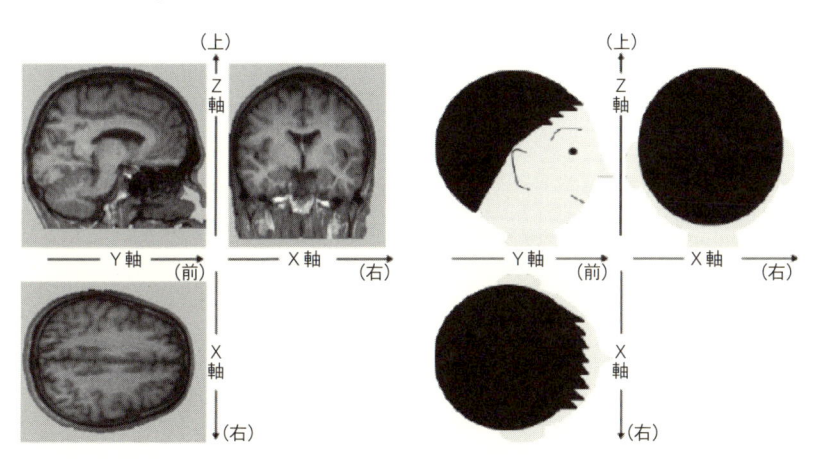

左側が MRI で撮像した脳の構造画像。右側は対応する頭部のイラスト。それぞれ左上の図は頭部を右横から見たもの，右上の図は頭部を後ろから見たもの，左下の図は頭部を上から見たもの。

前節で言及したTalairachらが60歳のフランス人女性の死後脳を元に作成した「脳地図」は，現在でも標準脳の座標空間として用いられることが多い（Talairach and Tournoux 1988）。とは言え，Talairachらが用いたのがたった1人の脳で，しかも死後のものであったことなどから，標準脳とするには問題が多いとの指摘もある。そこで脳機能計測データの標準化には，Montreal Neurological Institute（MNI）が100人を超える生きた人の脳を元に作成した座標空間が用いられたりしている（Chau and McIntosh 2005）。

脳機能マッピングの典型的な例としては，提示されたある画像を見ている間にfMRIの撮像を行ってその画像の処理に関連する視覚の部位を特定する，といったものが考えられる。この例のように基本的なタスクを行っている間に脳機能計測を行って，そのタスクに関連する脳部位を特定する，という方法で脳機能マッピングは進んでいる。それに加えて，社会的認知などのより複雑なタスクを行って，その際の脳活動部位を特定し，その部位について既存研究における脳機能マッピングで明らかになっている機能に言及しつつ，複雑なタスクにおいてどのような脳機能が起こっているかを解明する研究も行われている。政治に関する脳機能マッピング研究は，後者に属することが多い。ここで留意すべきは，複雑な脳機能の場合，脳部位との対応については未知の部分が多いという点である（Brett et al. 2002; Cacioppo et al. 2003）。既にある機能が特定されている脳部位で活動が見られた場合に，同様の機能が働いていることを推論することは「逆推論（reverse inference）」と呼ばれるが，この逆推論には注意が必要である（Poldrack 2006; Sarter et al. 1996; 加藤 2011）。

2.3.2. 非侵襲脳機能計測[19]

社会的認知に関する脳機能マッピングを行う上で，脳を傷つけずに脳活動を測定し，活動している脳の部位を推定する非侵襲脳機能計測は，大きな威力を発揮している。非侵襲脳機能計測には，その脳活動部位を特定する方法の違いによって，脳波（Electroencephalography: EEG），脳磁図

---

19 非侵襲脳機能計測については，『計測と制御』42巻5号（2003）で特集されており，それぞれの長所・短所は渡邊（2005）にもまとめられている。本項は，田中（2008）も参考にしている。

(Magnetoencephalography: MEG)，陽電子断層撮影（Positron Emission Tomography: PET），機能的磁気共鳴画像法（functional Magnetic Resonance Imaging: fMRI），近赤外分光法（Near Infrared Spectroscopy: NIRS）等，様々な計測方法がある。

　脳波（EEG）は，脳の神経細胞が電気信号により情報を伝える際に発生する電気活動を頭皮上の2点間の電位差で記録するものである。通常は頭皮上に一定間隔で複数の電極を置いて記録を行う。古くは80年ほど前から用いられているが，本格的に脳機能計測に用いられるようになったのは1990年代からとされる。神経細胞の電気活動は等方向に伝わって細胞間で打ち消しあうことが多いが，大脳皮質の錐体細胞のように同じ方向に大きな樹状突起が伸びている場合には局所電流がある程度一定方向に流れるため，頭皮外から測定することが可能となる。EEGは装置が比較的にコンパクトであることから，その簡便さが利点として挙げられている。

　大脳皮質の局所電流が微弱ながら磁界をつくることを利用し，磁気信号を高感度磁気センサで計測して活動部位を推定するのが，脳磁図（MEG）である。骨は，伝導性は低いが磁気は通しやすいことから，脳波測定より脳磁測定の方が，信号の減衰が少なく，測定感度が高い。特にMEGはミリ秒単位で脳活動を捉えるという時間的に高い測定能力（分解能）を持っており，この点は，fMRIにない利点である。とは言え，EEGとMEGのどちらの場合においても，その測定から脳活動が起こっていると推定される信号源の位置と分布を決めることについて議論があることに留意する必要がある。また，MEGの装置はMRIの装置ほど大きくはないが，EEGのような手軽さはない。

　脳波と脳磁図が神経細胞の電気活動そのものを測定するのに対し，神経活動に伴う局所的な脳血流量の増加現象を利用するのが，以下に説明する陽電子断層撮影（PET），機能的磁気共鳴画像法（fMRI），近赤外分光法（NIRS）である。

　陽電子断層撮影（PET）は，陽子（positron）を放射する放射性同位元素を血管に注射し，脳組織に流れ込んだ陽子が電子と衝突する際に発生するガンマ線の対を検出して像を構成する。その特徴としては，神経活動に伴う代謝情報を脳の広い範囲で同時に描出できる点が挙げられている。また，PETは血流や代謝だけでなく，分子レベルの機能イメージングにも用いら

れている。とは言え撮像には放射性同位元素の血管への注射が必要なことから，他の測定法に比べると負担は軽くない。

　多くの病院でよく用いられており，日本語でも MRI と呼ばれることの多い磁気共鳴画像法（Magnetic Resonance Imaging）は，体内に存在する水素の原子核の回転角度が電磁波によって変化し共鳴する現象を利用している。強力な磁場を発生させる MRI 装置内でラジオ波と同じ周波数の帯域に属する電磁波パルスをかけることで，生体内部の構造画像をより鮮明に撮像することを可能にしたものである[20]。今回の実験でも用いられた，機能的 MRI（functional MRI）は，この MRI の装置を用い，構造画像（静止画像）を撮像する場合よりも鋭敏な撮像法によって，脳機能（脳活動）の計測を行う。fMRI の測定原理のうち最もよく使われている血液酸化度レベル測定法（Blood Oxygenated Level Dependent: BOLD 法）が 1990 年代初めに発見されて以来，fMRI は脳神経科学研究において爆発的に用いられるようになった。BOLD 法は，(1) 血液中のヘモグロビンが酸素分子と結合しているかどうかで磁化しやすさが異なることと，(2) 脳の活動している部分では血流量が増加し酸素化ヘモグロビンの割合が他所より増加すること，を主に利用し，血管周囲の磁化率の違いから，脳のどの部分がより多くの酸素を必要としたか（すなわち，脳のどの部分がより活動したか）を明らかにする。2011 年現在の技術の状況において，fMRI は空間（ミリ単位），時間（秒単位）のどちらにおいても比較的に高い解像度（分解能）を持つことから，多くの社会神経科学の研究で用いられている。とは言え時間分解能については，MEG の方がミリ秒単位であり，タスクの内容によっては MEG の方が適当な場合もある。

　fMRI でも利用されている電磁波にはその波長の長さによって様々な種類があるが，紫外線や赤外線といった不可視光線のうち，波長が 700 〜 1200nm の近赤外領域の光は生体組織をよく通過することが知られている。加えて，前述のヘモグロビンが酸素化と脱酸素化の状態によって吸光度が異なることを利用し，近赤外光を用いることで血液中のヘモグロビンの酸素化状態の変化を捉えるのが近赤外分光法（NIRS）である。NIRS の時間・

---

[20] MRI についての詳しい説明は Hashemi et al. 荒木監訳 (2006) などを参照されたい。

空間分解能は現時点では fMRI などに比べ低いが，fMRI が MRI 装置の中に横たわって撮像しなければならないのに対し，近赤外光を用いる場合の脳機能計測は，頭にキャップをかぶるなどして測定装置を付着させるため拘束が少ないという利点がある。そのため，幼児の撮像に用いられたりしている。

2.4. 機能的磁気共鳴画像法（fMRI）を用いた研究[21]

2.4.1. 実験のデザインと実施

　脳機能の測定は，単純化して言えば，測定したい機能を要するタスクを行っている時とそうでない時の差を求めることで行われる。統計的な処理が必要なため，検出力に応じて，数秒以上継続するタスクを複数回行って測定することが多い。fMRI 実験のデザインには主に2種類あり，① 数十秒程度のタスク（映像の視聴など）とタスクと同じ秒数の間続く統制条件（「＋」などで示される注視点を見るレストなど）を繰り返す「ブロック・デザイン」と，② より時間の短いタスク（刺激や事象）をランダムに配置できる「事象関連（event - related）デザイン」がある。例えば，今回我々が行った実験では，テレビ広告を30秒，レストを30秒，と繰り返したが，短い時間しか要しない意思決定の神経基盤を解明したい場合等には事象関連デザインが用いられる。その際には，タスクを繰り返し行うことによる慣れや注意力低下などを避けるため実験デザインを工夫する必要もある。

　実験実施のためには，人を対象とする実験であることから，倫理審査委員会の承認を得る必要があり，通常は実験を行う研究機関において倫理審査が行われる（倫理審査委員会については第7章で改めて取り上げる）。実験参加者（被験者）の人数は，感覚や運動の機能に関する脳神経科学の実験が20人を超えないケースが多いのに対して，社会神経科学の実験は，社会的認知の個人差が大きいという傾向を反映して，感覚や運動の機能の場合よりも参加者の人数が多くなる傾向にある。参加者には，事前に質問票に答えてもらうなどして，MRI 装置に入ってよいかなど安全性の確認を行

21　fMRI については，Huettel et al. (2009) や Jezzard et al. (2001) に詳しい記述がある。

う。MRI撮像において特に気をつけなければならないのは，金属である。MRI装置とその周辺には強力な磁場が発生するため，小さな金属片はもとより，酸素ボンベなどであっても勢いよく引きつけられ，その際に身体に害をおよぼす虞がある。そのため事前質問票では，体内にペースメーカーなどの金属がないかを確認し，実験当日にはヘアピンなど金属を身につけていないかを確認する。その他に事前に確認しておく項目としては，病歴や閉所恐怖症の有無などがある。銀歯が多い場合などは，撮像結果にアーチファクト（擬信号）が生じやすいため留意する必要がある。

　参加者がMRI装置内に入る際には，撮像の際に発するパルスの音が聞こえにくいよう耳栓をし，実験のタスクとして音声を聴く場合には非磁性のヘッドフォンをつけるなどする。MRI装置内で視覚刺激を提示する際は，スクリーンに映し出した刺激を鏡に反射させたり，光ファイバーを用いてゴーグルに刺激を送るなどする。刺激とfMRIの信号とを同期させる必要があるため，刺激提示用のソフトなどが用いられる。また回答のための押しボタンを用いることもある。fMRIの脳画像は，数秒かけて2次元（例えばxy次元）の画像を頭部の端から端まで（例えばz軸にそって）撮影することで3次元のデータを得ることができる。頭部が動きすぎると分析に支障が出るため，できるだけ頭が動かないようにしなければならない。数mm程度でも頭が動くと分析に支障が出る場合があると言われている。また，実験参加者がMRI装置内で提示される刺激に十分な注意を払っていたかどうかを検証するために，実験後に理解度テストを行うこともある。

2.4.2. fMRIデータ解析

　撮像されたfMRIデータは解析ソフトを用いて統計検定が行われ，実験条件（タスク）と統制条件の比較において有意な差が認められた箇所に，統計値（t値など）を色分けで示すなどした検定の結果が3次元脳画像上に示される。fMRIデータの解析ソフトは，MATLAB上で作動するSPM (Statistical Parametric Mapping)[22]やC言語によるAFNI (Analysis of Func-

---

22　Wellcome Department of Imaging Neuroscience, Institute of Neurology, University College London, UK

tional NeuroImages）[23] の他，FSL（FMRIB Software Library）[24]，BrainVoyager[25]，FreeSurfer[26]，といったソフトがあるが，ここでは主に SPM を用いた分析を取り上げることとしたい。

解析においては，まず初めに撮像中に生じた頭の動きを補正するなどして，データをその後の分析に用いることができるよう事前処理（preprocessing）を行う。具体的には，頭の位置のずれを合わせる動き補正（realignment）[27]，実験参加者それぞれの脳を標準脳に合わせる標準化（normalization）[28]，データにおけるノイズを除いたりするために行う平滑化（smoothing）などからなる。

以上の事前処理を行ったデータを用いて，タスクの効果などの統計的検定が行われるが，その際には，回帰分析などと同じ一般線形モデル（general linear model）が用いられる（Frackowiak et al. 2004）。この線形モデルにおける従属変数（y）は，fMRI で撮像された脳の各ボクセルにおける MR 信号の時系列データである[29]。ボクセル（voxel）は，ピクセル（pixel）の三次元版といえ，ここでは頭部を三次元空間において分割した単位である。一方，独立変数（x_i）には，実験デザインに応じてタスクもしくはレストという二値変数やタスクで用いた刺激の強弱などに応じたパラメトリックな数値が用いられたりする。以上の分析は個人単位で行われ，各個人について，それぞれのボクセルにおける t 値などを元に脳の賦活画像のマップが作成される。

各個人の解析結果のデータファイルを用いて，実験参加者全体のグルー

23　http://afni.nimh.nih.gov/afni/（最終アクセス日：2010 年 2 月 22 日）
24　http://www.fmrib.ox.ac.uk/fsl/（最終アクセス日：2010 年 2 月 22 日）
25　http://www.brainvoyager.com/（最終アクセス日：2010 年 2 月 22 日）
26　http://surfer.nmr.mgh.harvard.edu/（最終アクセス日：2010 年 2 月 22 日）
27　頭部の動きが大きすぎる場合には分析から除外する。
28　SPM では標準化で MNI 座標空間が用いられるが，報告論文で Talairach の座標空間を使うことが多いため，Brett の非線形変換（http://imaging.mrc-cbu.cam.ac.uk/imaging/MniTalairach（最終アクセス日：2010 年 2 月 22 日））などが用いられる。
29　fMRI では，脳の活動部位で血流量が増加し酸化ヘモグロビンの割合が多くなることから，より酸素を必要とした時点（タスク時）とそうでない時点（レスト時）とで MR 信号のコントラストを生じさせ，脳活動が信号変化（signal change）の量で表現されるなどする。

プ解析や参加者を別の変数によっていくつかのサブ・グループに分けた上でのグループ間比較分析を行うことが可能となる。事前処理における標準化はグループ解析を行うためでもある。グループ解析では，個人レベルの解析で用いる固定効果分析（fixed effects analysis）に加えて，変量効果分析（random effects analysis）も用いられる。

仮説の段階で，例えば扁桃体など特定の脳領域に焦点を当てている場合には，関心領域（region of interest: ROI）分析が行われる（Poldrack 2007）。また，探索的な分析を行う場合には，主成分分析の方法に類似した独立成分分析（independent component analysis: ICA）も用いられる（McKeown et al. 1998; Kansaku et al. 2005）。

2.4.3. fMRI 分析の留意点

fMRI をはじめとする非侵襲脳機能計測を用いた研究は急速に増加しているが（Illes et al. 2003），様々な課題もあり注意が必要である。よく指摘されるのは，主として統計的に計測しているのが実験条件と統制条件での脳活動の差である，という点である（Culham 2006; 飯島他 2000; Savoy 2005）[30]。この方法によると，実験条件時と統制条件時の両時点において活動している脳の部位は検出されないため，常時活動している部位などは出にくくなってしまう。この点については，前述の独立成分分析を用いるなどして検出が行われる。

また，検出された脳部位の活動が，当該タスクにとっての十分条件であるとは限らないことにも注意をしなければならない。あるタスクを行う際に活動する脳部位を特定する脳機能計測は，脳の特定部位に刺激を与えて反応を見ている訳ではないからである（Willingham and Dunn 2003; Sarter et al. 1996）。

さらにイメージング全般について，場所を特定するのみであって脳活動の仕組みやその情報の表現と計算のアルゴリズムが分かるわけではない，という指摘（甘利 2008）もある。脳機能のメカニズム解明に向けては他の方法との併用も望まれよう。

---

30 fMRI データの分析には，前述の独立成分分析のように実験条件と統制条件の比較ではない分析の方法もある。

fMRI 独自の問題としては，測定しているのが血流量の変化であって，実際の神経活動との関係がまだ明白でないということが指摘されている（Logothetis and Wandell 2004; Heeger and Ress 2002）。また，神経活動には神経伝達を促進する興奮性のものと伝達を抑える抑制性のものがあるが，fMRI では両者の区別が困難（飯島他 2000），とも言われている。加えて，時間分解能は 1 ～ 2 秒では十分とは言えない場合があり，その場合には MEG が用いられるなどしている。MRI 装置内での撮像は狭い空間に横たわらなければならない，といった点については，拘束性の小さい近赤外分光法（NIRS）の方が有用性が高く，幼児の撮像には NIRS が用いられていることを既に述べたが，後者は現時点では解像度が低いという難点がある。

　以上のように fMRI をめぐっては限界や課題も指摘されているが，現時点での技術の限界など将来的に解決されうるものもあり，今後の研究・技術の進展が期待される。

第3章 政治学における選挙研究と fMRI 実験研究の背景

3.1. はじめに

　第1章で述べたように，政治学においては従来，政治心理学や実験政治学において研究の蓄積・発展が進んでいたが，その一方で1990年代初めの fMRI 技術の発展により，社会的認知の脳神経科学研究が飛躍的に進展することとなった。このような状況をふまえて，著者を含む研究グループは，2007年に政治学分野では日本において初めてとなる fMRI を用いた政治的認知実験研究を行った。

　今回の実験研究の対象としては，選挙キャンペーンにおけるテレビ広告を取り上げている。代表民主主義制度の要である選挙は，政治学において重要な研究対象であり，選挙研究は，政治学の中でも特に実証研究において主要な研究分野の1つである。選挙に関する実証研究においては，ある特定の選挙や地方レベルの選挙，国レベルの選挙，更には選挙一般について，有権者レベルのミクロデータや得票率などのマクロのデータ等を用いて，選挙結果や投票参加の実態を説明しようとする研究などが行われている。有権者の投票行動に影響を及ぼすことで選挙結果を左右すると考えられている選挙キャンペーンは，選挙研究の重要なトピックの1つである。

　選挙キャンペーンにおいては，立候補者や政党が街頭で直接有権者に対して候補者名を連呼したり，政策を訴えたり，テレビの政見放送を通じて語りかけるなど，様々な政治的コミュニケーションが行われる。選挙に際して立候補者や政党がどのように自らのメッセージを届けるか，有権者は候補者や政党のメッセージをどう受け取るか，といった問いに対して，政

治学においては,「メディア」や「情報」,「コミュニケーション」, といった観点から, 様々な実証研究が行われている (Graber 2007; Prior 2007; 蒲島他 2007; Alvarez 1997; Ferejohn and Kuklinski 1990; 境家 2006; Huckfeldt and Sprague 1995; Kaid 2004a; 池田 2007)。

中でも選挙キャンペーンにおけるテレビ広告は, 特にアメリカにおいて多額のコストを費やして, 大統領選挙から上院議員選挙, 州知事選挙など, 様々なレベルの選挙の際に数多く放映されており, 対立候補に対する誹謗中傷などのネガティブな内容に対する懸念も相俟って, 研究者の間だけでなくマスメディアなどでも注目され, 取り上げられている (Falcone 2008; Kurtz 2008)。また後述するように, 選挙広告, 特にネガティブ広告の効果について実証研究の結果は分かれており, それと並行するかたちでネガティブ広告の是非についての議論も活発に行われている。

他方, 日本における選挙のテレビ広告については, 小選挙区制が導入された 1996 年の総選挙の際に, 一定の条件を満たす政党のみに政見放送が許されると共に, 従来は候補者による演説の形式をとっていた政見放送に政党が製作したビデオの持込みも認められ, 政党によるテレビ広告が出現するようになっている (高瀬 1999; 谷藤 2005)。日本での選挙テレビ広告は, まだ歴史が浅く限定的にしか認められていないこともあって, アメリカほどは広まっていない。しかしながら日本においても, 組織で票をまとめる政治が後退するのに伴い, ばらばらな個人からなる世論に対して直接テレビなどを通じて訴える手段として, 政治の「劇場化」が定着してきた (谷藤 2005; 星・逢坂 2006)。よって日本政治においても, テレビ広告のように短時間で効果的にメッセージを届ける手法は, 良きにつけ悪しきにつけ重要性を増していると考えられる。

以上のように, 選挙キャンペーンについての研究は, その重要性が高く, 中でも影響力が強いと考えられているネガティブ広告については, その実態の検証が望まれる。しかしながら, テレビ広告がどのような過程を通して有権者に影響を与えているかというメカニズムについて, 従来の研究ではその手法の限界もあって検証が困難であった。今回の実験は, 脳神経科学の方法である fMRI を用いてテレビ広告の認知過程を明らかにしようとするものである。

本章では, 次章で紹介する今回の fMRI 実験の背景となる先行研究や議

論を見ておくこととしたい。次節においては，選挙キャンペーン広告について，特にネガティブ広告をめぐるこれまでの実証研究について見ていく。従来の実証研究においては，ネガティブ選挙広告が投票参加や投票方向に対しどのような影響があるかについて，相反する研究結果が報告されており，コンセンサスが得られていない。その原因としては研究手法の違いや広告の内容の違いなどが考えられる。加えて，選挙広告をめぐる心理的メカニズムを検証する上では，「説得」とそれに伴う「態度変容」について理解しておく必要があり，これらについては，特に社会心理学において研究の蓄積がある。第3節では，先行研究に言及しながら，政治における「説得」と「態度変容」について概念整理をしておくこととしたい。

3.2. 選挙キャンペーンテレビ広告とその効果

3.2.1. 選挙広告[31]とその種類

　選挙における広告は，法規制のあまりないアメリカのケースから，放送時間の割り当てのある日本の場合まで，国によってその規制も様々である。選挙広告の国際比較を行った Kaid (2004b) は，各国に共通する選挙広告の特徴として，①メッセージ（の内容）を（自身で）コントロールすること，②メッセージを伝達する際のマス・コミュニケーションの利用，の2点を挙げており，メディア等の視点を介さずにメッセージを伝える点を重視している。

　また選挙広告研究では，映像と音楽を駆使し大きな影響力を持つと考えられているテレビ広告が取り上げられることが多い。テレビでの選挙広告は，アメリカにおいては1950年代から用いられているが，その後ますます重用されており，2008年の大統領選挙においては，オバマ，マケイン両候補によるものだけでも，その費用は4億ドルを超えたと報告されている[32]。

31　本書では，「選挙キャンペーンテレビ広告」を略して「選挙広告」と呼ぶこととする。「選挙広告」の通常の用法では，選挙に関する広報（選挙日や投票を呼びかける広告など）も含まれると考えられるが，本書においては，政党や立候補者による選挙キャンペーンのうちテレビ広告のみを指して「選挙広告」と呼ぶこととしたい。英語の（political）campaign advertisement の和訳として用いる。

32　http://edition.cnn.com/ELECTION/2008/map/ad.spending/index.html（最終

さらに近年は，候補者以外の利益団体がテレビ広告を放映するケースも増加している（Farnam and Eggen 2010）。

選挙広告は，しばしばその内容によって分類され，Brooks and Geer（2007）は，選挙広告の内容について，①争点（issue）と人格（trait）のどちらに重きをおいているか，②礼儀正しい（civil）かどうか，③ポジティブかネガティブか，によって区別を行っている。

争点か人格か，の区別は，争点中心かイメージ中心か，といった区別と同様であると考えられる。メディアを通じた選挙キャンペーンに対する批判には，イメージ中心であって視覚に訴えている，といったものが多く見られ（Jamieson 1992），選挙キャンペーンにおけるテレビ広告に対して否定的な印象を持つ人は，選挙広告が政策について取り上げていない，と考えがちなようである。しかしながら，実証研究においては，1952～1996年の大統領選挙におけるテレビ広告の約6割，2000年大統領選挙の際のテレビ広告の約8割，が争点に関する広告であったとされ，テレビ広告の多くが争点に言及するものであったことが報告されている（Kaid 2004b）。

礼儀正しいかどうか，という区別は実証研究においては比較的新しい視点である。事実に基づく批判とは言えない侮蔑や愚弄といった類の無礼（uncivil）なメッセージに対する否定的な見方が，そのような分類の背景にある（Kahn and Kenney 1999）。しかしながらBrooks and Geer（2007）は，実証研究の結果として，むしろ無礼なメッセージにより政治的関与が若干上がっているということを示し，無礼なネガティブメッセージであってもそれほど心配することはない，としている。

ポジティブな広告とネガティブな広告の区別については，ポジティブ広告がスポンサー（広告を制作した側の候補者）について肯定的なメッセージを伝える内容であるのに対し，ネガティブ広告はスポンサーと対立する候補を批判する内容を含んだものと定義されている。今回のfMRI実験では，ポジティブ・ネガティブの区別に重きを置き，特に従来の実証研究において相反する研究結果が報告されているネガティブ選挙広告について，その認知過程を明らかにしようとするものである。よって次節以降では，ネガティブ選挙広告とその効果に関する先行研究を詳しく見ておくことと

アクセス日：2009年1月31日）

したい[33]。

3.2.2. ネガティブ選挙広告

後に詳しく見るように，ネガティブ選挙広告が民主主義にとって望ましいのかどうかについては，相反する議論が存在する。ネガティブ広告が民主主義にとって有害であるとする議論では，ネガティブ広告が有権者に偏った情報を与え政治嫌いにする，といった主張が行われ，それに対して民主主義におけるネガティブな言説を評価する議論では，ネガティブ広告のもたらす情報が政治における議論をよりよいものにする，といった主張が行われる。

その一方で，アメリカの大統領選挙広告におけるネガティブな内容の割合は，増加傾向にあるということが，独自の分析に基づいて算出結果を報告しているいくつかの著書において共通に示されている（Geer 2006）[34]。そのように選挙広告におけるネガティブな内容の割合が増加傾向にある背景としては，候補者や選挙運動関係者がネガティブ広告に効果があると信じているから，という理由が度々挙がっている（Lau and Pomper 2004; Lau and Rovner 2009）。ネガティブ広告には，本当にそのような効果があるのだろうか。ネガティブ広告が効果を発揮した例としてしばしば言及されるのが，1964年のアメリカ大統領選挙において共和党候補が攻撃された広告と1988年のアメリカ大統領選挙において，民主党候補が攻撃された広告である（この2例を紹介している文献としてJamieson 1992; Ansolabehere and Iyengar 1995）。

1964年の広告は，共和党候補のBarry Goldwaterが核兵器の使用に言及していたことをふまえて民主党によって作成されたもので，核戦争の恐怖を想起させることでゴールドウォーターへの投票を忌避させようとする広

---

33 選挙キャンペーンの効果に関する最近のレヴューには，境家（2009）がある。
34 この報告については，Lau and Rovner（2009）が指摘するように広告が放映された「頻度」について述べているわけではなく，この点は先に見た争点に言及するテレビ広告の数についても同様である。とは言え放映された頻度については，有権者が実際にその広告を視聴した頻度とは異なること，広告がニュースで取り上げられ放映された場合などについてはカウントされないこと，といった点に注意が必要であろう。

告である。広告の具体的な内容は，少女が"One, two…"と数を数えながら，ひなぎくの花びらを1枚1枚外していくシーンから始まる。やがてそれにオーバーラップするかたちで"Ten, nine…"というカウントダウンの声が聞こえ始め，画面は少女の片方の目に向かってクローズアップしていく。"Zero."の声と共に，核爆弾が爆発する映像に切り替わり，爆発によりきのこ雲が発生する様子が20秒程度示される。爆発の映像にかぶせて，民主党候補のLyndon Johnsonの声が，「(この選挙に) かかっているのはこの事である。神の子全てが生きることができる世界をつくるのか，それとも暗闇に入ってしまうのか。我々は互いを愛するか，死ぬか，のどちらかである」と告げる。最後に別のナレーションの声が「11月3日にはジョンソン大統領に投票しなさい。危険性はとても高く，棄権している場合ではない。」と結ぶ。

このように，広告にはゴールドウォーター候補が出てきていないにもかかわらず，映像によって，この共和党候補と核戦争を結びつけるという手法をとっている。この広告は，1度放映されただけで大きな反響を呼び，映像が強烈なこともあって，その後テレビ広告として放映されることはなかった。しかしながらその衝撃故に，ニュースなどで多く取り上げられることとなった。

1988年のアメリカ大統領選挙において民主党候補でマサチューセッツ州知事のMichael Dukakisが攻撃された広告では，マサチューセッツの刑務所での一時休暇プログラムを利用した受刑者が誘拐やレイプなどを行ったことがセンセーショナルに示され，犯罪に対して厳格でないデュカキスに共和党候補のGeorge Bushを対置している。

広告の実際の映像では，まずデュカキスとブッシュの写真が並び，その下に「ブッシュとデュカキスの犯罪対策（BUSH & DUKAKIS ON CRIME;以下の文字は和訳したもの）」という文字が示される。ブッシュの写真は背景が明るいのに対し，デュカキスの写真は暗い。次にブッシュの写真と共に「死刑を支持する」という文字が表れ，「ブッシュは第一級殺人犯に対する死刑を支持する」というアナウンスメントが流れる。続けてデュカキスの写真と「死刑に反対する」という文字が示され，「デュカキスは死刑に反対するだけではなく第一級殺人犯に週末の出所を許可した」とのアナウンスが流れる。その後に髭を生やした黒人の顔の白黒写真と「ウィリー・ホー

トン」という文字が画面に示され，アナウンスは「その一人は強盗で少年を 19 回刺して殺害したウィリー・ホートンだ」と流れる。画面はホートンが警察に連行されていると見られる白黒写真と「ホートンは週末の刑務所出所許可を 10 回受けた」との文字に変わり，アナウンスは「無期懲役にもかかわらず，ホートンは週末の刑務所出所許可を 10 回受けた」と告げる。アナウンスが続けて，「ホートンは逃げ出し，若いカップルを誘拐し，男性を刺し，ガールフレンドを繰り返しレイプした」と続け，それと同時に画面上には「誘拐する」「刺す」「レイプする」の文字が 1 つずつ順に示される。最後にデュカキスの写真と「週末の出所許可 デュカキスの犯罪対策 (Weekend Prison Passes Dukakis on Crime)」という文字が Prison Passes の下に赤線が引かれ示される。

　この広告自体は，国家安全保障政治活動委員会 (National Security Political Action Committee; NSPAC) という政治団体によって作成されたが，その後に放映されたブッシュによる広告[35]も，「デュカキスの一時休暇プログラム」と題して同じ問題を取り上げ，前述の広告のようにセンセーショナルではないものの，その中で「268 人が逃亡した」という文字を示している。これらの広告を詳細に報告する Jamieson (1992) は，このブッシュによる広告が NSPAC の広告と相俟って，デュカキスによって週末の出所が認められた第一級殺人犯のうちの 268 人がホートンのような犯罪を起こしたという誤った推論を招く，と指摘している。広告放映前には，ブッシュとデュカキスの支持率は同程度であったが，放映が始まるとブッシュが優勢となり，ネガティブ広告の効果と見なされた，という。以上の事例においてネガティブ広告が投票行動や支持率をどれだけ左右したかを立証することは難しいが，1964 年と 1988 年のどちらとも，ここで紹介したネガティブ広告を放映した陣営が勝利している。

3.2.3. ネガティブ選挙広告効果の実証研究

　以上のようにネガティブ広告は，候補者や選挙運動関係者をはじめ，一般的には効果があると考えられているが，実証研究においても，その効果

---

[35] 囚人と見られる人々が回転扉をくぐり抜ける様子が映し出されることから，「revolving door ad (回転扉広告)」と呼ばれている。

は確認されているのだろうか。Ansolabehere and Iyengar（1995）は，質問調査を用いたネガティブ広告の実証研究が相関分析にすぎず，あやふやな記憶に頼っているといった限界を指摘しつつ，より条件が統制される実験を用いてネガティブ広告の効果を検証している。そして，その具体的な手法としては，実験における変数条件を一致させるために，同じ映像にネガティブな内容とポジティブな内容の異なるアナウンスメントを付けた2種類の広告を制作している。これらの2種類の広告は，ネガティブであるかどうかが，唯一の違いであることから，広告がネガティブであることの効果を検証することが可能となる。

　実験の結果，ネガティブ広告を見た人の投票意思は，ポジティブ広告を見た人の投票意思よりも統計的に有意に低かったことが報告されている。中でも，ネガティブ広告を見た後の投票意思の低下幅について，無党派層（Independents: 11%の低下）の方が政党支持者（3%の低下）よりも有意に大きかったことも明らかになっており，ネガティブ広告が特に無党派層において投票参加を減らす効果が大きいことが指摘されている。ネガティブ広告によって投票に行きたくなくなる理由としては，攻撃されている候補が嫌いになる，また攻撃している候補も嫌いになる，さらには選挙の正統性が弱められ有権者が投票義務感を失う，といった可能性が指摘されている。

　ネガティブ広告の視聴によって投票参加が減少する，というAnsolabehereとIyengarの報告は大きな反響を呼び，多くの研究者がネガティブ広告視聴と投票参加の関連について検証を行うようになった。ところが，それらの後続の研究においては，多くの場合に投票参加が減少する効果が確認されず，逆にネガティブ広告視聴と投票参加の上昇の関連を示す分析結果も報告されている（Finkel and Geer 1998; Kahn and Kenney 1999; Wattenberg and Brians 1999; Goldstein and Freedman 2002）。ネガティブ広告を視聴することによって，むしろ投票に行くようになる，という逆方向のメカニズムについては，「刺激効果（stimulation effect）」という効果が指摘されている（Goldstein and Freedman 2002）。刺激効果とは，ネガティブ広告が重要な政策争点を示すと共に，対立候補が当選することによって有権者の利益が危機にさらされる，と注意を喚起する，というものである。

　他方，ネガティブ広告の効果としては，以上述べてきた投票参加を促す

かどうか，という効果に加えて，対立候補を攻撃する候補者（ネガティブ広告を制作した側）の方に有権者は投票するようになるかどうか，という説得効果の問題もある。この説得効果に関しても，実証研究の結果は分かれている。Kaid (1997) による実験事例においては，ネガティブ広告の狙い通り，実験参加者は攻撃された候補者に対してネガティブなイメージを持つようになった，と報告されており，先に紹介したAnsolabehere and Iyengar (1995) の実験研究においても，アメリカの共和党員にとってネガティブ広告がポジティブ広告よりもより説得的であったことが報告されている。説得効果を認めるこれらの研究結果に対し，ネガティブ広告は逆効果を生んでいる，とする報告もある。Kahn and Geer (1994) や Hitchon et al. (1997) においては，攻撃している方の（ネガティブ広告のスポンサーである）候補者に対する評価が下がる「反発（backlash）」効果や「ブーメラン」効果（Garramone 1984）が報告されている。

　以上のように，ネガティブ・キャンペーンの効果に関する実証研究が増えていく中で，その結果には相反するものが見られるようになった。自らもネガティブ・キャンペーンの効果の実証研究を行っているLauらは，1980年代から2006年半ばまでに行われた111件のネガティブ・キャンペーン効果に関する実証研究結果のメタ分析を行い，候補者に対する好悪や実際の投票，投票参加や政治的信頼など，項目別に抽出誤差（sampling error）や測定誤差を補正して効果の大きさを合算した。その結果，効果が確認されたのは，ネガティブ・キャンペーンにより攻撃された候補者と攻撃した候補の両者に対する好感度の低下，キャンペーンの記憶されやすさ，キャンペーンに関する知識の増加であった。これらの効果は，投票参加や説得効果を媒介すると考えられる効果である。加えて，政治的有効感や政府への信頼をやや下げる傾向など，政治システムに対する影響も見られている。しかしながら，投票選択の意思や実際の投票選択，投票参加の意思や実際の投票参加に対する効果に関しては，誤差を補正するとほとんど効果が示されなくなった，とし，このことから，ネガティブ・キャンペーンには選挙の勝敗や政治参加を左右するといった効果があるとは言えない，と結論付けている（Lau et al. 2007）。

　このように，ネガティブ広告を含むネガティブ・キャンペーンの効果に関して，一般的に信じられているような効果が実証研究においては明確に

確認されていないのはなぜであろうか。その理由として挙げられているものの1つに，研究方法の違いがある。特に投票参加に対する影響について，ネガティブ・キャンペーンが投票参加を減らしているとする証拠は実験研究から示される傾向にあり，ネガティブ・キャンペーンは投票参加を促すとする研究は調査研究に多い，というように研究方法が異なることが原因，という指摘がある（Martin 2004）。この点を指摘している Martin は，実験においてはネガティブ広告を見た後に投票したくないと答えているが実際の投票の際には投票しているようだ，としている。この指摘に対しては，調査データの分析では選挙キャンペーンに接触しやすい人と投票に行く人との相関が高いだけでネガティブ・キャンペーンが投票を促しているかどうかの検証は難しいのではないか，その点では実験の方が因果関係の検証方法として優れているのではないか，という反論も可能であろう。さらに，アメリカの州内におけるネガティブ広告の放映度の違いを実験条件と統制条件のようにみなした自然実験として分析した Krasno and Green（2008）は，2000年のデータにおいてネガティブ広告が投票を促進もしくは減少させるという効果は見い出されない，としており，Ansolabehere らの実験室実験結果にも Goldstein らの調査結果分析にも与さない結果が出ている。他方，投票参加ではなく投票先への説得効果に関しては，実際の選挙に際しての質問調査データの場合の内生性（endogeneity）の問題[36]を指摘する Lau and Rovner（2009）が，前述のメタ分析（Lau et al. 2007）においてそのような問題のない実験の場合でも明らかな効果の方向は見られなかったとしている。

　さらに，研究方法の違いだけが効果の検出の有無を決めるのではなく，研究対象であるネガティブ・キャンペーンの内容によって効果に違いが出ている可能性もある（Brooks 2006）。実際に，争点中心か人格中心かによって投票参加や投票方向に逆の効果が見られたり（Finkel and Geer 1998）[37]，

36　例えば，選挙で負けそうな人ほどネガティブ広告を用いるとすれば，ネガティブ広告を用いて負けた場合に，ネガティブ広告のせいで負けたのかネガティブ広告を用いたにもかかわらず負けたのかがわからない，といった問題である。

37　Lau and Pomper（2001）も争点中心と人格中心を区別しているが，Lau and Pomper（2004）では，争点中心と人格中心の差が明確な形で有意に見い出されている訳ではない。

広告のネガティブ度の強弱によって参加に対して逆方向の効果が見られたり（Lau and Pomper 2001）している。また先に言及したBrooks and Geer (2007) は，争点中心か人格中心か，ポジティブかどうか，ネガティブな場合には礼儀正しいかどうか，によって広告をどう評価するかが異なるとしている。さらに，ネガティブ・キャンペーンのスポンサーが現職の候補者かそれとも対する挑戦者かを区別し，挑戦者によるネガティブ攻撃は効果的でも，現職の候補者によるネガティブ広告は逆効果となる，という可能性も指摘されている（Lau et al. 2007）。以上のようにネガティブ・キャンペーンの効果に関する実証研究結果が報告によって異なる原因としては，研究方法に加えてキャンペーン広告の内容やスポンサーの違いも考えられ，効果の検証にあたっては，その内容の細分化が望まれる。

　本項では選挙キャンペーン広告について，特にネガティブ広告の効果に関する実証研究を中心に見てきたが，その効果について研究結果は分かれており，加えて政治的態度変容のメカニズムへの言及はあまり多くない。その理由としては，質問調査や行動実験といった心理学的方法を用いたネガティブ広告認知の研究では，実際の心理的過程に関するデータを得ることが難しく，そのような過程についての言及は推測にとどまらざるを得なかったという事情が挙げられる。これに対し，脳神経科学の方法を用いてテレビ広告の認知過程を明らかにしようとしたのが，今回の我々の実験である。態度変容のメカニズムについては，社会心理学やコミュニケーション論における説得の理論がより詳細な検討を行っており，政治的態度変容を理解する上でも有用な理論的枠組みを提供している[38]。よって以下では，説得と態度変容に関する先行研究について，政治的文脈を考えながら見ていくこととしたい。

38　池田（2010）は，メディアが対人的コミュニケーションとの交互作用によって及ぼす効果について論じている。選挙広告の効果に関しても，直接的な説得だけでなく対人的な環境を通じた効果の可能性も考えられるが，本研究は，選挙広告が説得を通じて個人に及ぼす直接的効果に主な焦点を当てている。

3.3. 政治的説得と政治的態度変容

3.3.1. 政治的説得と政治的態度

　説得（persuasion）は民主政治におけるコミュニケーションの中で重要な位置を占め，古代ギリシャの時代からその重要性が理解されていた（アリストテレス 1992）が，現代の政治学において政治的説得について正面から取り組んだ研究はそれほど多くない（Mutz et al. 1996; Zaller 1992）。他方，社会心理学やコミュニケーション研究の分野においては，説得一般について実証研究と理論構築の蓄積がある（Dillard and Pfau 2002; Bohner and Schwarz 2001; 今井 2006; 深田 2002）。

　一般的な意味での「説得」は，「送り手が受け手に，何らかの選択の自由がある状況のもとでメッセージを伝達することによって，受け手の信念，態度，行動を変えようとす[る]活動またはその過程」と定義される（安藤 1995, p.62 における Perloff (1993) の引用）。この定義をふまえるならば，政治的説得は，「送り手が受け手に，何らかの政治的選択の自由がある状況のもとでメッセージを伝達することによって，受け手の政治的信念，政治的態度，政治的行動を変えようとする活動またはその過程」と定義することができよう。

　ここでの「政治的信念，政治的態度，政治的行動」について，選挙における説得の場合の具体例を挙げるならば，それぞれ，「環境汚染が進んでいる」という政治・政策に関する信念，「候補者 A は優れている」「政党 B の年金政策は優れている」というような候補者や政策に対する態度（政治的態度），「候補者 A への投票」という政治行動，といったものが考えられる。これらの3つの概念のうち，「政治的態度」はやや複雑な概念であり脳神経科学の方法を用いた解明も行われているため，以下に説明を加えておくこととしたい。

　政治的態度は，「説得」と同様に，社会心理学において研究対象とされている「態度」のうち政治に関するものと捉え得る。「態度」については多義的に理解されているものの，「何らかの対象に対する評価」と捉えるのが一般的であり（Fazio and Petty 2008），「信念」との違いは評価が伴うかどうかである。また「態度」は，経済学において使用されることの多い「選好（preference）」と同義で用いられることもある。政治的態度には，政党

支持，候補者支持，政治的関心，政治的信頼，など様々なものがある。

　政治心理学においては，態度や評価の心理的モデルとして，「記憶に基づくモデル (memory - based model)」と「オンラインのモデル (online model)」が対置されている（Lodge 1995）。態度が示されるのは，主に調査への回答など態度を表明している時であることから，前者のモデルは，態度は表明の際に記憶から取り出されるとし，後者のモデルは，態度は表明の際にアクセス可能な情報を基に形成される，という立場を取る。しかしながら，実際の過程は両者の中間であり，回答の際にアクセス可能な長期や短期の記憶を基に形成もしくは表現されると考える方が説得的である（Taber 2003）。

　また，以上のような態度の心理的モデルに関連して，脳のニューロン構造を念頭に置いたコネクショニズム（connectionism）に基づくモデルも提唱されている（Monroe and Read 2008; Conrey and Smith 2007）[39]。心理過程における概念や評価の連結構造については，これまでにも社会心理学や政治心理学において連合ネットワークモデル（associative network model）やスキーマといったモデルが用いられている（Sears et al. 2003）が，コネクショニズムのモデルは，現時点で明らかになっている脳のニューロン構造を基にモデル化している，（心の中での）内部表現とその処理は単純で高度に連結された単位（ニューロン）によって同時並行で行われるため中心をなす執行部を想定する必要がない，といった点を指摘して従来のモデルより優れているとする主張がある（Van Overwalle and Siebler 2005）。

3.3.2. 説得による態度変容の過程

　説得の過程に関しては，社会心理学やコミュニケーション研究の分野において，初期のメッセージ学習説から近年の二重過程論まで様々な理論・モデルが提唱されている（Cameron 2009; 池上 1998; Tormala 2008; 唐沢 2010）。これらの理論・モデルを見ていく前に，説得の過程に関する概念をまず整理しておきたい。Miller (1980) は，説得的コミュニケーションの定義において，説得の過程を，他者の反応を「形成」し，「強化」し，「変更」

---

[39] この他に，前頭前野の機能を考慮した態度と評価のモデルも提起されている（Cunningham and Zelazo 2007）。

する，という3つの過程に区別し，一般的に「説得」が意味すると考えられている「意見を変化させる過程」に加えて他の過程にも言及している。Petty and Wegener（1998）は，態度変容と説得に関するレヴュー論文において，態度変容の独立変数として，（メッセージの）送り手（Source），メッセージ（Message），受け手（Recipient），状況（Context），を挙げ，態度変容を媒介するプロセスとして，感情プロセス（Affective Processes），認知プロセス（Cognitive Processes），行動プロセス（Behavioral Processes）を区別している。

1940年代後半からイェール大学のHovlandらによって進められたコミュニケーション研究プログラムは，現代の説得理論の草分けと言える。彼らは，説得される過程を新しい学習経験と捉え，受け手がメッセージに注目し，その内容を理解し，新しい意見が受容されるための誘因が存在する場合に，態度が変化し，その内容が維持される，と一連の過程を区別して論じている（Hovland et al. 1953）。さらに，脳神経科学に目を向けてみると，近年，社会的評価についても強化学習と同様のプロセスが背内側前頭前野他を通じて起こっている，とする実験結果が報告されている（Behrens et al. 2008）。選挙広告に当てはめるならば，ある候補者の訴える政策について学習しその必要性に賛同する，もしくはある候補者が自分の支持している候補者を批判した場合にその内容が受け入れられるものならば支持を変更する，といった状況が考えられる。

説得における認知処理の過程に注目した理論としては，2種類の異なる過程を区別する議論が提唱されており，「精緻化見込みモデル（Elaboration Likelihood Model: ELM）」（Petty and Cacioppo 1981; Petty and Wegener 1999）やヒューリスティック・システマティック・モデル（Heuristic Systematic Model: HSM）」（Chaiken 1980; Chen and Chaiken 1999）がよく知られている。ELMは，「人が説得的コミュニケーションを受けたときに，どれほどそのことについて考える（すなわち精緻化する）見込みがあるか」により説得のされ方が異なるとし，説得メッセージについてよく考えた場合の変化を①「中心的態度変化（attitude change through the central route）」，よく考えなかった場合の変化を②「周辺的態度変化（attitude change through the peripheral route）」と区別している。メッセージについてよく考える動機と能力があれば，メッセージの内容についての情報処理

が行われるが，そうでない場合には，メッセージの議論の本質とは関係のない，メッセージの送り手の魅力や信憑性，メッセージの量といった「周辺的手掛り（peripheral cue）」が影響を持ちうるとしている。また，中心的態度変化の場合には，メッセージについての情報処理を経ていることから，周辺的態度変化の場合に比べて長期にわたり新たな態度変化が生じにくくその後の態度の持続性が高いとされている（土田 1989）。HSM も，メッセージの中身を十分に吟味し熟考した上で態度を決定するのは，動機づけが高く十分な処理容量が確保されているときだけであり，そうでない場合は迅速でより安直な情報処理を行うとし，前者を①システマティック処理（systematic processing），②ヒューリスティック処理（heuristic processing）と呼ぶ。システマティック処理の方が態度が持続する，など基本的な議論は ELM と重なるが，ヒューリスティック処理は周辺的態度変化よりも特定されている，といった違いが指摘されている（Bohner et al. 2008）。政治的認知におけるヒューリスティックの利用については政治学でも議論されているが（Sniderman et al. 1991; Lupia et al. 2000），選挙広告について政治的関心が高くない人がヒューリスティック処理を行っている可能性は十分に考えられる。

　以上に加えて，説得される（もしくはされない）動機として，既存の態度との一貫性に注目した理論がいくつか提起されている。均衡理論（Balance Theory）は，ある人のある対象に対する態度が，本人（P），対象（X），対象に関連する別の人物（O），の三者間の心情関係（sentiment relation）に依存する，とする（Heider 1958）。心情関係が不均衡状態になると，不均衡を解消するための方法の 1 つとして本人の態度の変化が起こりうる。同様に，認知的不協和理論（Cognitive Dissonance Theory）は，自己や自己をとりまく環境の間の矛盾を不協和（dissonance）と呼び，人は認知における不協和による不快な緊張状態を軽減するために一方の認知を変化させる，としている（Festinger 1957）。その後の実証研究によって挙げられた不協和低減のために態度変化が起こりやすい条件として，①反態度的行為に対する正当化（報酬）が不十分であるとき，②罰の脅威が小さい状況で行為がなされたとき，③行為が自由意思に基づいてなされたとき，④他に魅力的な選択肢が存在していたとき，⑤行為の遂行に多くの労力を費やしているとき，などがある（池上 1998）。政治的認知／態度に応用す

るならば，前章で見た「動機付けられた推論（motivated reasoning）」も，自分の支持する候補者の矛盾を矛盾と見なさない，といったかたちで不均衡や不協和を解消していると捉えうる。同様にネガティブ広告を拒否する反応も，この理論で説明できる場合があろう。

　その他に，メッセージの拒否や説得に対する抵抗を説明する理論としては，接種理論（Inoculation Theory: McGuire 1964）や心理的リアクタンス（reactance）理論（Brehm and Brehm 1981; Brehm 1966），態度の強さ（attitude strength）の理論（Eagly and Chaiken 1995）などがある。接種理論を唱えたMcGuire は，説得メッセージの内容が事前に知らされ，それに対する反論を準備している場合には，説得に対する免疫ができ抵抗力が高くなるとし，実験においてそのことを確かめている（McGuire and Papageor 1961）。また，心理的リアクタンス理論は，他者からの説得的な働きかけが，受け手の態度の自由選択への脅威や制限として捉えられると，受け手の側に心理的リアクタンスと呼ばれる自由の回復を目指す動機づけの状態が喚起され，説得の意図に反して態度や意見が逆方向に変化するブーメラン効果や，態度変化の減少が起こる，とする。中でも個人が特定の立場に強くコミットしている場合には，反対の立場を強要されるとリアクタンスが喚起され，コミットメントの度合いが大きいほど強く拒否される，としている（上野 1989）。コミットメントに類似するが，態度の強さと変化への抵抗の関係について，EaglyとChaikenは，態度の強さを態度とその他の知識構造のつながりによって定義し，ある態度が既存の態度構造と一貫性を持つほどその態度は変化に対して強い抵抗力を持つ，とする。これらの理論を選挙広告に当てはめて考えてみるならば，広告の意図について事前に知らされている場合には説得されにくく，広告に高圧的な文言が入っている場合にも説得されにくく，特定の政党や候補者へのコミットメントが強いほどその政党や候補者を批判する広告を拒否しがちであろう，と考えられる。

3.3.3. ネガティブなメッセージによる説得

　以上，説得過程一般について提起されてきた理論やモデルについてみてきたが，特にネガティブなメッセージの内容に関してその効果を論じたものもある。ここではそのような理論として，「ネガティビティ効果（negativity effect）」の理論と「恐怖アピール（fear appeals）」の理論について見ておきたい。

「ネガティビティ効果」は，ネガティブな情報の方がポジティブな情報に比べて注意を引きやすいと共に他者の印象形成や評価に大きな影響力を持つ，というものである（Kanouse and Hanson 1972）。選挙の際のネガティビティ効果を取り上げる Lau（1985）は，ネガティビティ効果の主な理由としては，知覚に注目する「図と地（figure - ground）」仮説と動機に注目する「コスト志向（cost orientation）」仮説があるとしている。「図と地」仮説は，我々の多くが大体において自身が置かれている状況に満足しており，ポジティブな世界に生きていることから，ネガティブな情報は目立つ，というもので，図（ネガティブな情報）と地（ポジティブな下地）はゲシュタルト心理学の用語からきている。同様に Lau が引用する Jones and Davis（1965）も，「悪口」という情報が重視されやすい理由として，期待通りの規範的な行動は当然であり行動をしている人についてあまり多くを知ることができないが，想定外の規範に反した行動はその人の属性を示していると考えられること，他者の悪口を言うことは規範に反していることから規範に反してまで言ったその悪口は重要であると考えられることを指摘している。他方，「コスト志向（cost orientation）」仮説は，人は利益を得ようとするよりコストを避けようとする動機の方が強いとし，それ故にリスクを回避しようとしてネガティブな情報に注意を向けるとする。Lau（1985）は選挙におけるこれらの効果を検証した結果，大統領選挙においては知覚的な効果も動機的な効果もどちらも見られるが，議会選挙においては知覚の方だけであり，リスク回避を動機付けるほどのネガティビティがないことを示唆している。

「恐怖アピール」は，タバコの害を強調して禁煙を説得する，というように，メッセージの勧める態度や行動を取らなかった場合の帰結の恐ろしさを伝えて態度や行動の変化を促すものである（Witte 1992）。「恐怖アピール」の効果を検証した研究は，保健に関するコミュニケーション研究等において蓄積されている。恐怖アピール効果のメカニズムとしては，様々な理論が提唱されたが，防護動機理論（Protection Motivation Theory）と拡張平行過程モデル（Extended Paralled Process Model）が現在ではよく用いられるとされている（Cameron 2009）。防護動機理論は，脅威の程度はど

の位か,自身の対応にどの程度の効果があるかについての評価が,リスクから自己を防護する動機となるとし,自身の効用を合理的に高めようとする個人が想定されている(Rogers 1975, 1983)。選挙広告に当てはめるならば,ネガティブ広告で指摘される対立候補の当選により起こりうる脅威(例えば軍拡や増税など)を避けるために,ネガティブ広告を制作した候補に投票することで対処するようになる,といった状況が考えられる。他方,Leventhal(1970)の理論などを発展させた拡張平行過程モデルは,危険コントロール(danger control)と恐怖コントロール(fear control)を区別する。危険コントロールはメッセージの受容を促し,防護動機理論と同様合理的な過程であるが,脅威の程度が大きいにもかかわらず自身の対応の効果が小さいと考えられる場合には,恐怖をコントロールしようとしてメッセージの否定などが起こる恐怖コントロール過程が引き起こされるとしている。(Witte 1992)。先に述べた1964年のひなぎくの花の広告については,恐怖コントロールにより否定が起こり,放映が1度しか行われなかったという可能性が考えられる。このように「恐怖アピール」の理論は,ネガティブ広告に関してもある程度は当てはまると考えられるが,もともと保健のためのコミュニケーションを念頭に発展しており,両者の大きな違いの1つとしては,メッセージの送り手に対する受け手の信頼度が挙げられる。保健のためのメッセージの場合は,通常送り手は公的機関など信頼性の高い場合が多いと考えられるが,選挙におけるネガティブ広告に関しては,党派性によって送り手に対する信頼度に大きな違いが生じ,信頼性が低い場合にはメッセージが拒否されやすくなると考えられる。

　政治的説得についての研究は必ずしも多くないものの,説得の政治における重要性は高い。また,政治的状況の独自性を主張し,政治における説得においてビジネスや保健における説得などとは異なる独自の過程が生じている可能性を指摘する議論もある(Mutz et al. 1996; Perloff 2002)。このような重要性にもかかわらず,従来はその背景にある心理・認知過程がブラック・ボックスであったこともあり,政治的説得に独自の過程が存在するのかどうかを検証することは困難であった。今回の我々の実験においては,ポジティブ広告に加えてネガティブ広告も用いると共に,選挙広告と商品の広告の比較を行うことで政治的認知の独自性についても検証を試みている。次章では,この今回のfMRI実験について報告する。

#　第 4 章　選挙キャンペーンに関する fMRI 実験研究

4.1. はじめに

　他者に対する選好——好意や嫌悪感——は意思決定に影響を与えることが多く，その変化過程も含め政治心理学の主な関心事項となってきている（Mutz et al. 1996）。従来のニューロポリティクス研究でも，政党や社会的集団への所属といった比較的安定した政治的態度／選好を強めたり弱めたりするような刺激を与える実験を行い，情動に関連するとされる脳領域での活動が報告されている（Kaplan et al. 2007; Knutson et al. 2006; Phelps et al. 2000; Westen et al. 2006）。他方，ニューロエコノミクス研究では，実験経済学や行動経済学において重要なトピックの 1 つである「社会的選好」（他者の利得に関する選好：Camerer 2008a; Carpenter 2008）について，自己の利得と同様に脳の報酬系の一部との関連を見出している（Fehr and Camerer 2007; Lee 2008; Loewenstein et al. 2008）。
　政治に関する意思決定の研究は，経済学における意思決定研究（Mueller 2003 など）と重なる部分が多く，政治学においてもその点は認識されている（Katznelson and Weingast 2005）。どちらの意思決定においても，自己の利得はもちろん，他者の利得も考慮されている。しかしながら，経済的な自己利益の追求と異なり，政治における自己利益の追求は必ずしも効用関数によって定義される訳ではなく，他者への配慮は必ずしも他者の利得への配慮に限られる訳ではない。また経済学においては，効用関数が「主観的な選択」と「報酬の量（や確率，時間的なずれ）などの客観的な価値」を関連付けるのに対し，政治行動を含む様々な社会的行動は，必ずしも客

観的指標と関連付けられるわけではない。このような相違を前提に我々の実験においては，従来政治学において政治的選好を定量化するのに用いられてきた「感情温度計」の質問項目を用いて他者（本実験においては選挙候補者）に対する態度を測定している。最近の神経経済学の実験（Kable and Glimcher 2007）では，時間的に遅延された金銭的報酬の主観的価値と報酬系の脳活動の関連が示されたが，感情温度で表された政治的選好の主観的価値は，報酬や時間といった外的客観的指標とは関連付けられない。しかしながら，今回の実験で取り上げた「政治的選好の変化」は，定量的に脳活動に表れている。

　我々の今回の実験では，認知コントロールに関わっているとされる前頭前野（Canessa et al. 2005; Lieberman 2007; Miller and Cohen 2001）が社会的認知に影響を与えるような知覚刺激による選好の変化にも関わっているとの仮説を立ててこの前頭前野の領域に焦点を当てている。この選好変化と脳活動の関連を検証するにあたっては，現実の妥当性を重視し，実際に放映された1992年のアメリカ大統領選挙のキャンペーン広告と共に，比較のためコーラのテレビ広告も用いている。社会科学者の間では，ネガティブ・キャンペーンが有権者の行動を左右することについては共通了解があるが，個々人の心理や態度にどのような影響があるかについては意見が分かれている（Lau et al. 2007）。その脳内メカニズムを明らかにすべく，我々の実験は脳活動の分析に2つの行動レベルの観察を組み合わせている。この行動レベルの観察は，(1) 広告視聴後にどちらの候補者（もしくはコーラ）を好むかの選択と，(2) 各候補者に関する感情温度計の質問への回答からなっている。

　実験においては，ネガティブ・キャンペーン広告視聴中に背外側前頭前野におけるfMRI信号変化が強く見られた人は，そうでない人に比べて，ネガティブ広告を見た後に，広告で攻撃された候補者（元々支持していた候補者）に対する評価を下げるという傾向が見られた。他方，同じ広告の視聴中に内側前頭前野におけるfMRI信号変化が比較的に強く見られた人には，攻撃された候補者に対する評価を上げる傾向が見られた。加えて，コーラのネガティブ広告に関する同様の分析では，以上の脳部位とは異なる部位の活動が示されている。以上の結果は，支持する候補者に関するネガティブな情報を知覚する際の脳活動が社会的情報の認知コントロールと関連

付けられる可能性を示している。また，背外側部と内側部という異なる部位における活動が見られたことは，候補者に関するネガティブ情報に接した結果の支持の上昇または低下という逆方向の反応のそれぞれに異なる種類の認知コントロールが対応している可能性を示している。

　また今回の分析結果においては，感情温度計により測定された候補者に対する評価の変化が，背外側部前頭前野における fMRI 信号変化と負の相関を示し，内側部前頭前野については正の相関が示されている。このような心理測定指標と脳活動指標の相関は，効用関数のように外的指標によって明確に定義されない類の社会的行動を分析する上での方法論の発展に貢献できるのではないだろうか。

4.2. 実験の方法

4.2.1. 実験参加者

　実験募集に応じた 40 名（女性 8 名，男性 32 名，年齢 18 〜 27 歳）は，英語を母国語とするか，もしくは英語のテレビニュースを理解することができ，MRI 撮像に支障がないことが事前に確認されている。参加者は全て，神経疾患の既往がなく，Edinburgh Inventory（Oldfield 1971）によると強い右利きであった[40]。事前の質問票では，その他に性別，年齢，イデオロギーについて聞いている。また 1992 年に大統領選挙キャンペーン広告を実際に見た人を避けるため，実験時（2007 年夏）に 30 歳未満であった人を募集したところ，全員が今回用いた選挙広告を見ていなかった。参加者全員が本研究にインフォームド・コンセントを与えており，本研究は実験を行った国立障害者リハビリテーションセンターの倫理審査を受けた上で行われた。

4.2.2. 実験のタスク

　今回の実験においては，参加者が一人ずつ MRI 装置内において 1992 年のアメリカ大統領選挙キャンペーン広告（ブッシュ vs. クリントン）とコー

---

[40] 強い右利きの人のみを実験参加者としたのは，利き手が脳活動を左右する可能性があるからであり，Edinburgh Inventory は利き手のテストである。

図 4-1 MRI 装置内でのタスク

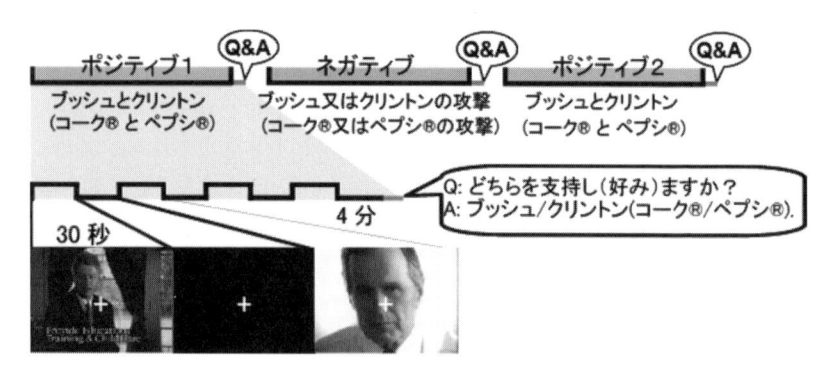

ラの比較広告（コカコーラ®vs. ペプシコーラ®）を視聴している間に脳画像を撮影した[41]。広告のセッションは選挙とコーラそれぞれ3つずつである（図4-1）。選挙とコーラの広告の順序効果[42]をバランスするため、約半数の参加者については、コーラの広告のセッションから始まる逆順で実験が行われた。

　MRI装置内でのタスクを選挙の場合に沿って説明すると、1つ目のセッションではまず、両候補のキャンペーン広告（ポジティブ広告）が各候補1分間分ずつ示される。1つ目のセッションが終わると、参加者は両候補のうちどちらの候補を支持するかという質問に答える。2つ目のセッションでは、参加者が支持した候補者を攻撃するネガティブ広告が2分間分示され、セッション後には再びどちらの候補者を支持するかという質問が行われる。3つ目のセッションでは、再びポジティブ広告（内容は1つ目のセッションと異なる）が各候補1分間分ずつ示され、セッション後にどちらの候補を支持するかという質問が行われた[43]。コーラの3つのセッションも

41　広告の内容については、第5章で詳述する。
42　今回の実験について言えば、例えば実験参加者全員が、選挙広告、コーラ広告の順に視聴した場合にコーラ広告視聴中の脳活動が選挙広告視聴に影響される、といった効果が考えられる。
43　各セッション後の質問への回答は、MRI装置の中からマイクロフォンを通じて行われた。また、どちらの候補を支持するかという質問に加え、広告の内容をきちんと理解したかを確認する質問も行われた。

同様にポジティブ，ネガティブ，ポジティブ，の順に行われ，各セッション後にどちらのコーラのブランドを好むかという質問が行われた。各セッションは，30秒の広告と30秒のレストを4回繰り返すため，計4分間である[44]。全セッション終了後に，MRI装置の外で質問票に回答してもらい実験のタスクは終了した。質問票には，感情温度計を用いた質問が含まれており，各選挙広告のセッション後にブッシュ・クリントン両候補に対してどう感じたかを最も好ましい場合は100度，最も好ましくない場合は0度，中立的な場合は50度とし，0～100度の間で答えてもらった（質問の内容は補遺2に記載している）。感情温度計は，1968年の大統領選挙以来ミシガン大学のCenter for Political Studiesによる選挙研究等で用いられており（Weisberg and Miller 1979），その他に社会集団の研究でも用いられている（Cairns et al. 2006）。

　MRI撮像に際し，実験参加者は1人ずつMRI装置（東芝エクセラート）内で横になり，頭部は動きを最小限にするためパッドとバンドにより固定された。参加者は事前説明の際にも撮像中にできるだけ頭部を動かさないよう指示されている。広告とレストの映像は，MRI装置の奥に設置されたスクリーンに映し出され，参加者はMRI装置付属の鏡を通して映像を見ている。MRI装置が発する雑音を最小化するため，参加者には耳栓をした上でヘッドフォンを通じて音声を聞いてもらった。事前に映像がよく見えるか，ヘッドフォンの音がよく聞こえるかを確認してから広告のセッションを開始した。眼球の動きによるアーチファクト（信号のゆがみによる偽像）を最小化するために，広告とレストの映像には中央に白い十字マーク（「＋」）が付いており，参加者にはセッション開始前に十字マークを中心に映像を見るよう，指示した。映像と音声の刺激は，Presentation®（Neurobehavioral Systems, San Francisco, CA）というソフトウェアを用いて提示され，MRI装置との同期化を行った。

4.2.3. fMRI撮像とデータ分析

　6つの広告セッションの間に，BOLDコントラストの脳機能画像を撮影し（1.5 T, gradient echo T2* weighted echo-planar images, TR / TE =

---

[44] 第2章で述べたブロック・デザインである。

3000 / 40 ms, FA = 85°, slice thickness / gap = 6 / 2 mm, FOV = 25 × 25 cm2, matrix size = 64 × 64, 18 slices)、その後に構造画像も撮影した。各セッションでは 85 スキャンの撮像が行われ、そのうちの最初の 5 スキャンを除いた 80 スキャンを分析に用いている。

データの事前処理と分析には SPM5 (Statistical Parametric Mapping: Wellcome Department of Imaging Neuroscience, Institute of Neurology, University College London, UK) を用いた。画像のずれ補正において、データ分析の対象である 40 名について頭部の動きが 2mm 以内であることを確認している。標準化においては、Montreal Neurological Institute (MNI) の EPI テンプレートが用いられ、平滑化は半値幅（FWHM: full - width at half maximum) 8mm のガウスフィルターで行った。加えて、カットオフ周期 128 秒のハイパスフィルタを用いて低周波のノイズを取り除き、AR(1)モデルを用いて時系列自己相関を補正している。

データ解析では、まず個人レベルの分析（固定効果分析）で各参加者について 6 つの広告セッションそれぞれにおけるタスクとレストのコントラストを行い、その結果を用いて集団レベルの分析（変量効果分析）を行った。集団解析においては、まず広告視聴後の候補者選択の変化に関連する前頭前野での fMRI 信号変化を検出するため、選挙広告とコーラ広告の両方について、ネガティブ広告と 2 回目のポジティブ広告のそれぞれの広告視聴後に候補者選択が変わった人々（変化グループ）と変わらなかった人々（変化なしグループ）の fMRI 信号変化の比較を行った（t 検定）。この t 検定を行うに際して、タスク中に活動が減少した部位を避けるため、脳活動が弱い方のグループにおいて信号変化（の平均値）が正であった部分のみが分析対象となるようマスク[45]を用い、補正なしで $p < 0.05$、クラスターサイズの閾値 15 ボクセル[46]、で SPM{t} のマップを作成した。SPM のマップが用いている MNI 座標は、Brett による非線形変換[47]を用いて Talairach 座標に変換し、Talairach Daemon (Lancaster et al. 2000) 及び Talairach と Tournoux の脳地図（Talairach and Tournoux 1988）を用いてブロードマン

---

[45] マスクを用いた分析では、分析する脳の領域が限定される。
[46] クラスター内のボクセルの数が 15 以下のものを省いている。
[47] http://imaging.mrc-cbu.cam.ac.uk/imaging/MniTalairach （最終アクセス日：2010 年 2 月 22 日）

領野を特定した。さらに前頭前野で活動の見られたクラスターについて，MarsBaR[48]というソフトを用い，各個人について6つのセッションの間のデータを取り出し，各セッションにおけるレスト時に対するタスク時の％信号変化を算出した。

この％信号変化の値を用いて，自身で評価した候補者に対する選好（感情温度）に基づく行動指標に関する被験者間相関分析を行った。この分析は前述のマスクを用いたt検定で有意となった全てのクラスターについて行われた。行動指標は，選挙広告セッション視聴中の支持候補者に対する選好の変化の程度を表すもので，「セッション後の当該候補に対する感情温度」から「セッション前の当該候補に対する感情温度」を引き算したものである。加えて，支持候補者に対する相対的選好を表す指標として，「セッション前の支持候補に対する感情温度」から「セッション前の不支持候補に対する感情温度」を引き算したものも用いている。また関心領域のそれぞれについて，セッション毎に変化グループと変化なしグループの信号変化の2標本t検定（両側，$p<0.05$）を行った。

4.3. 分析結果

4.3.1. 行動データ分析

図4-2と図4-3は，各広告セッション後にそれぞれの候補者もしくはコーラのブランドを選択した人数を示している。最初のセッションの後にクリントンを選んだ34名のうち，14名がクリントンを攻撃するネガティブ広告を見た後にブッシュに支持を変え，ブッシュを選んでいた6名のうち，4名がブッシュを攻撃するネガティブ広告を見た後にクリントンに支持を変えている。言い換えれば，最初に選択した候補を攻撃するネガティブ広告を見て候補の選択を変えた人は40名の参加者のうち18名であった（図4-2）。他方，ネガティブ広告視聴後に，ペプシ®を最初に選んでいた20名のうち7名がコカ・コーラ®に選択を変え，コカ・コーラを選んでいた20名のうち4名がペプシに選択を変えている。すなわち，参加者40名中11名がコーラのネガティブ広告を見た後に選択を変えている（図4-3）。

---

48 http://marsbar.sourceforge.net（最終アクセス日：2010年2月22日）

図 4-2 候補者の選択

ポジティブ1 — 40
 ブッシュ 6 / クリントン 34

ネガティブ — 2, 4, 14, 20

ポジティブ2 — 1, 1, 1, 3, 4, 10, 1, 19

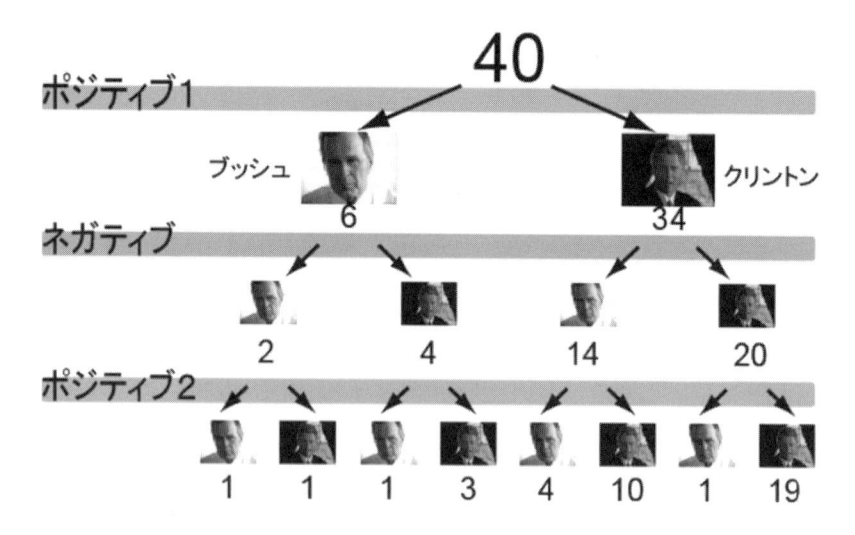

図 4-3 コーラ・ブランドの選択

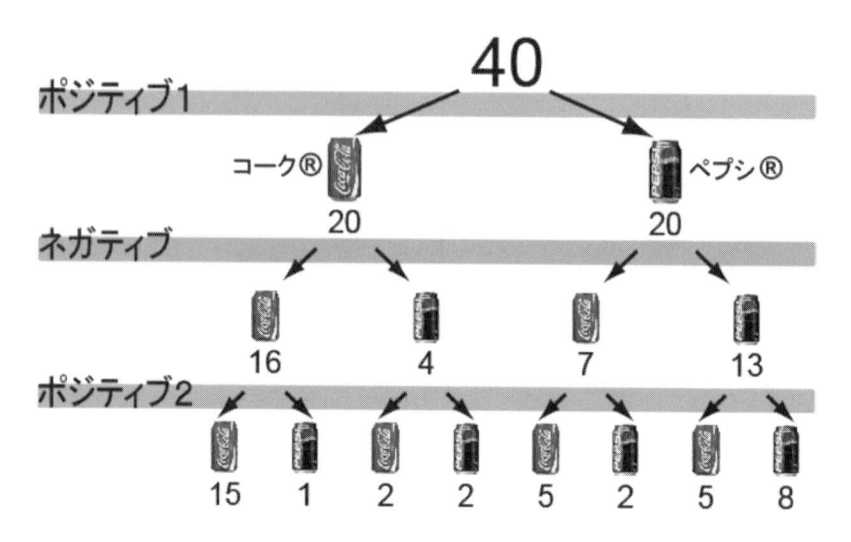

ポジティブ1 — 40
 コーク® 20 / ペプシ® 20

ネガティブ — 16, 4, 7, 13

ポジティブ2 — 15, 1, 2, 2, 5, 2, 5, 8

また選択変化の有無と参加者の属性との間に統計的に有意な関係があるかどうかを明らかにするため，参加者の性別，年齢，イデオロギーについてウィルコクソンの順位和検定を行った。その結果，2回目のポジティブ選挙広告のセッションにおける選択変化の有無と年齢だけに統計的に有意な関係が見られた。このことは，若い参加者ほど2回目のポジティブ選挙広告を見た後に選択を変えやすかったことを示している。

今回の主な行動指標である，ネガティブ選挙広告セッション中の支持候補者に対する選好の変化（「セッション後の支持候補に対する感情温度」－「セッション前の支持候補に対する感情温度」）を各参加者について示した棒グラフが図4-4である。参加者の多くはネガティブ広告視聴後に攻撃対象となった候補者に対する感情温度を下げているが，6名は逆に温度が上がり，5名は温度に変化がなかったことが示されている。これらの温度が上がった人・変わらなかった人と温度があまり下がらなかった人は，ネガティブ広告を見た後も攻撃された候補者を変わらず選択している。また，変化なしグループと変化ありグループの間のt検定は有意であった（等分散を仮定，$p<0.001$）。

加えて，この行動指標を他の行動指標によっても説明することができるかどうかを見るために相関分析を行ったところ，ネガティブ選挙広告視聴前の支持候補者に対する選好との間に負の相関（－0.4363; $p = -0.0049$）が示され，ネガティブ選挙広告視聴前の不支持候補者に対する選好との間にも負の相関（－0.3757; $p = 0.0169$）が示された。

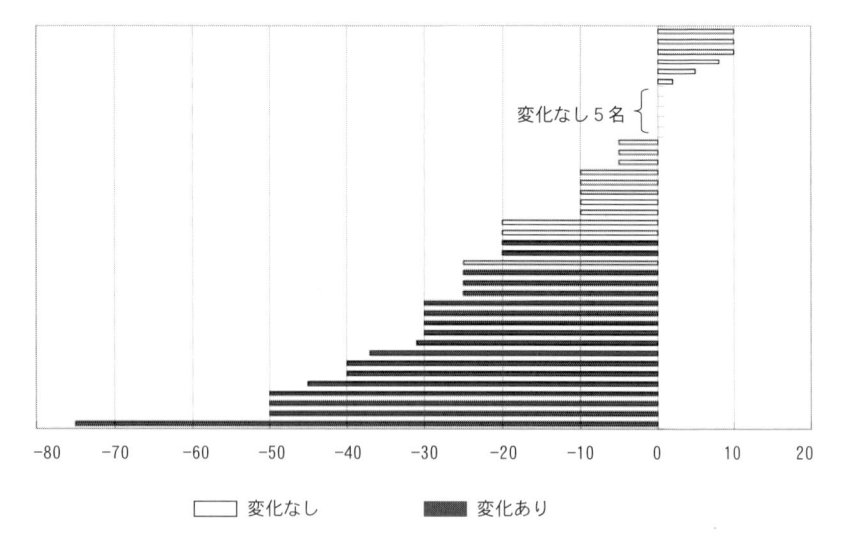

図 4-4 ネガティブ広告前後の攻撃された候補に対する感情温度の変化[49]

4.3.2. 脳活動データ分析

　主観的な価値である選択の変化を左右する選好の変化が定量的に表現されている脳の領域を明らかにするため，まず選挙のネガティブ広告，2回目の選挙のポジティブ広告，コーラのネガティブ広告，2回目のコーラのポジティブ広告のそれぞれについて，広告視聴後に選択が変わった人々（変化グループ）と変わらなかった人々（変化なしグループ）の比較を行った（この分析結果の詳細は，巻末の補表1を参照されたい）。

　多くの社会的認知の研究と同様に，我々の研究も前頭前野に注目している。選挙のネガティブ広告視聴中の脳活動について変化グループと変化なしグループを比較した結果が図4-5である[50]。

49　温度の変化が0であった5名は全て候補選択の変化がなかった。
50　図4-5の見方については，第2章第3節第1項の図2-2を参照。

図 4-5 選挙のネガティブ広告視聴中の脳活動

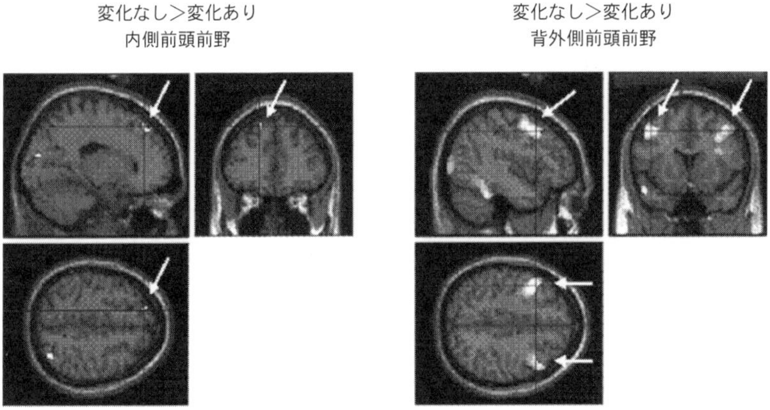

変化なし＞変化あり
内側前頭前野

変化なし＞変化あり
背外側前頭前野

　分析の結果，変化なしグループは，変化グループに比べて前頭前野の内側部でより強く活動したことが示されている。加えて，ネガティブ広告視聴中の支持していた（攻撃された）候補に対する感情温度の変化は，この部位（Talairach 座標：-16, 39, 44; BA8[51]）における fMRI％信号変化との間に正の相関を示した（図 4-6A）。

　他方，変化グループは，変化なしグループに比べ左右の背外側前頭前野でより強い活動が見られ，前述のネガティブ広告視聴中の支持していた（攻撃された）候補に対する感情温度の変化は，これらの部位（-42, 16, 40; BA9／6 と 53, 30, 11; BA46／9）における％信号変化と有意な負の相関を示した（それぞれ図 4-7A，図 4-8A）。変化なしグループと変化グループで統計的に有意に（補正なし，p<0.05）異なる活動を示した前頭前野の領域で，選好に基づく指標と統計的に有意な相関を示したのはこれらの領域のみであった。

51　Talairach 座標および BA（Brodmann's Area; ブロードマン領野）については，第 2 章で説明している（46 頁）。

図 4-6 内側前頭前野 (–16, 39, 44; BA8) における fMRI 信号変化

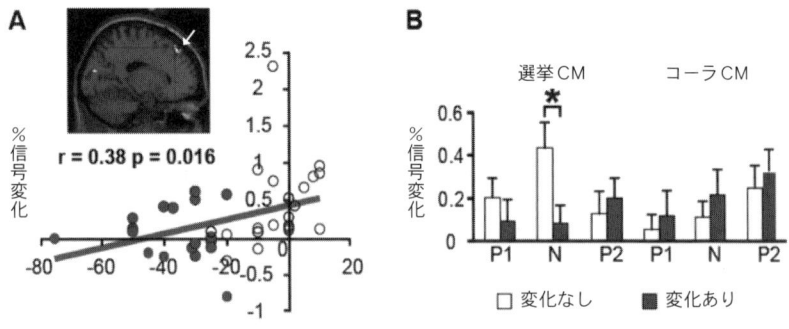

(A) ネガティブ広告視聴中の信号変化とネガティブ広告視聴中の支持候補に対する選好の変化 (= ネガティブ広告後の攻撃された候補に対する選好 – ネガティブ広告前の攻撃された候補に対する選好) との相関。白丸：変化なし、黒丸：変化あり。それぞれのプロットはそれぞれの参加者を示す。(B) 各広告セッションにおける変化なしグループと変化グループとの平均比較。P1: ポジティブ 1, N: ネガティブ, P2: ポジティブ 2 (以下同じ)。アスタリスク (*) は t 検定で有意な (p<0.05) 違いがあったことを示す。誤差を示す線 (error bar) は平均値の標準誤差を示す。

図 4-7 背外側前頭前野 (–42, 16, 40; BA9/6) における fMRI 信号変化

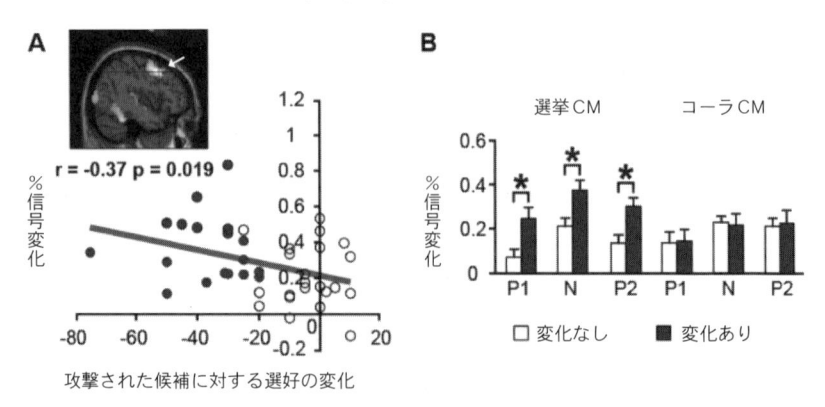

(A) ネガティブ広告視聴中の信号変化とネガティブ広告視聴中の支持候補に対する選好の変化 (= ネガティブ広告後の攻撃された候補に対する選好 – ネガティブ広告前の攻撃された候補に対する選好) との相関。(B) 各広告セッションにおける変化なしグループと変化グループとの平均比較。

図 4-8 背外側前頭前野（53, 30, 11; BA46 / 9）における fMRI 信号変化

(A) ネガティブ広告視聴中の信号変化とネガティブ広告視聴中の支持候補に対する選好の変化（＝ネガティブ広告後の攻撃された候補に対する選好 − ネガティブ広告前の攻撃された候補に対する選好）との相関。(B) 各広告セッションにおける変化なしグループと変化グループとの平均比較。

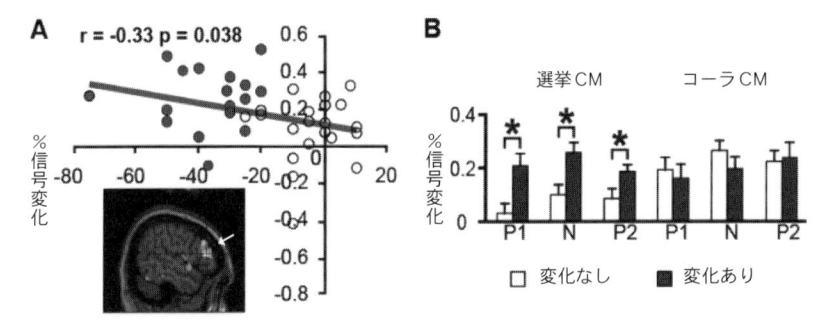

さらに，もう1つの行動指標である，ネガティブ・セッションの前の支持候補者に対する相対的選好は，先に見た左の内側前頭前野の信号変化との間に有意な正の相関があったが（図4-9），左右の背外側前頭前野の信号変化との間には有意な相関は見られなかった。

図 4-9 内側前頭前野における fMRI 信号変化

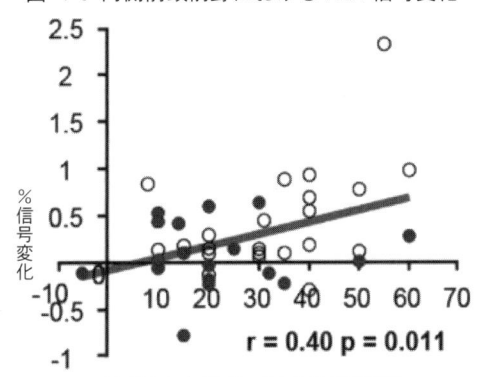

ネガティブ広告視聴中の内側前頭前野（−16, 39, 44; BA8）における信号変化とネガティブ広告視聴前の支持候補に対する相対的選好（＝ネガティブ広告前の支持候補に対する選好 − ネガティブ広告前の不支持候補に対する選好）との相関。

以上の3つの脳領域について、選挙のネガティブ広告のセッション以外でも変化なしグループと変化グループで有意な違いがあるかどうかを見るため、6つのセッションの全てについて2つのグループの信号変化の比較を行った。その結果、左の内側前頭前野が変化なしグループで有意により強く活動したのは、選挙のネガティブ・セッションの時だけであったことが示された（図4-6B）。このことは、この部位における活動が今回の実験においては、政治でかつネガティブ広告に特有であったことを示している。他方で背外側前頭前野は、全ての選挙広告のセッションにおいて変化グループの方が有意により強く活動しているが、コーラのセッションでは有意な差は見られない（図4-7B、図4-8B）。よってこの2つの領域での活動は、今回のタスクにおいては政治に特有であったが、ネガティブ広告には特有ではなかったことが示されている。加えて、コーラのネガティブ広告の視聴中に変化なしグループでより強く活動した前頭前野の領域は、選挙のネガティブ広告の場合の座標と異なっていた（座標は巻末の補表1を参照）。このことは、前頭前野における活動が選挙のネガティブ広告による選好変化とコーラのネガティブ広告による選好変化とで異なる関連があったことを示している。

　2回目のポジティブ広告に関しては、変化グループにおいて背外側前頭前野（選挙広告では（51, 41, 11; BA46）、（42, 9, 29; BA9）、（−32, 7, 31; BA9/6）、コーラの広告では（46, −1, 22; BA9）と（−50, 5, 31; BA9））により強い活動が見られた。背外側前頭前野における活動は変化なしグループでも見られたが、コーラの場合のみであった（36, 22, 19; BA8/9）。そのうち選挙のネガティブ広告の場合と同様に、2回目のポジティブ選挙広告視聴中の右の背外側前頭前野（51, 41, 11; BA46）における％信号変化とポジティブ広告視聴前後での直前に選択していた候補に対する感情温度の変化との間に負の相関が見られた（図4-10）。また2回目のポジティブ広告視聴中には、変化グループで腹内側前頭前野（16, 61, 6; BA10）がより活動していた。この腹内側前頭前野の領域は選好に基づく指標との相関を示さなかったが、変化グループにおける1標本 t 検定（p<0.05）では False Discovery Rate（FDR）を用いた多重比較補正を行っても有意であった。

図 4-10 右背外側前頭前野における fMRI 信号変化

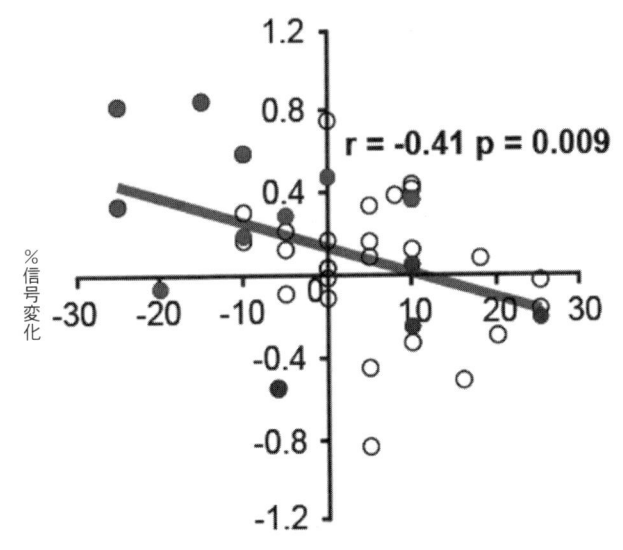

r = -0.41 p = 0.009

％信号変化

攻撃された候補に対する相対的選好

2回目のポジティブ広告視聴中の (51, 41, 11; BA46) における信号変化と2回目のポジティブ広告視聴前の支持候補に対する選好の変化 (＝セッション後の（元々の）支持候補に対する選好－セッション前の支持候補に対する選好) との相関。

　以上，選挙候補者に対する主観的な選好の変化と関連する脳活動が前頭前野の異なる部位に見られることを見てきた。これらの結果は，ネガティブな情報によって他者（本実験では候補者）に対する選好が変化する過程を理解する上で様々な議論を提供しうるものである。背外側前頭前野における信号変化は，ネガティブ選挙広告を見た後に支持している候補者に対する評価が下がった人ほど大きく，内側前頭前野における信号変化は，ネガティブ選挙広告を見た後に支持している候補者に対する評価が下がりにくいかもしくは上がった人ほど大きかった。言い換えれば，前頭前野の内側と背外側とでそれぞれ支持の継続と支持の変化という逆の反応との関連が見られたのである。よって今回の実験では，現実の政治において非常に重要な，①2人の対立候補からの選択（支持を継続するか変えるか）と②その選択を左右する選好の変化に関する神経的基盤を確認している。

　このように，政治的選好の変化との間に統計的に有意な相関関係を示す

脳活動が, 前頭前野の異なる部位において正と負の反対方向に検出されたという今回の実験結果は, 政治的判断のメカニズムを解明する上での手がかりを提供する重要な結果を示していると考えられる。

　今回の実験において検出された脳の各部位における活動の社会的・政治的認知機能との関係に関する解釈は, 巻末の補遺1 (fMRI 実験結果についての議論) を参照されたい。

第5章 本 fMRI 実験研究の
政治学的論点と学際的な含意

5.1. はじめに

　社会行動を対象とする fMRI 実験では，観察される行動選択と脳活動との関係は，同じような脳の部位（座標）の強い活動が報告された既存研究の実験を参照し，解釈されることが多い。専門誌に掲載された本実験についての論文（Kato et al. 2009）でも，そのような議論を展開したが，こうした解釈は既存研究で行われた実験のタスクと結果の関係について，ある程度の知識を持った読者でなければ，正しい理解が難しい。そこで，解釈の部分はより専門性の高い議論として巻末に掲載した（補遺1 fMRI 実験結果についての議論）。本章では，脳神経科学者でなく，政治学，広くは社会科学を専門とする読者に理解しやすい形で，実験結果の含意について紹介したい。これは，脳神経科学者にとっては，社会科学の研究蓄積を活かして，fMRI 実験系をデザインすることの意味について紹介することにもなろう。

　次節では，前章で紹介した fMRI 実験のデザインについて，政治学の観点から説明する。今回用いられた広告の内容を詳しく説明した後，従来の実験研究で用いられている刺激の内容について再考し，今回の刺激の内容との比較を行い，今回のように現実社会で流通している素材を実験で用いる意義について論じる。次に実験参加者の属性について考察する。今回の実験参加者は，広告に登場する候補者の所属政党に対する支持・不支持を持たない人が多く，よって従来のニューロポリティクス研究で取り上げられることの多かった党派性の強い政党支持者などではなく，無党派層にあたる人々であった。党派性の弱い人々が実験参加者となった今回の実験

は，従来のニューロポリティクス fMRI 実験と異なる結果を示しており，このことから党派性の強弱によって候補者認知が異なる可能性が示されるという研究成果を得ている。

第3節においては，今回の実験結果が政治学の主要なテーマである民主主義のあり方にとって何を意味しているのかについて考察する。第3章でも見たように，政治学においてはネガティブ・キャンペーンに関して対立する実証研究結果が示されており，決着はついていない。またそのことが更なる研究の蓄積を促す結果ともなっている。この相対立する実証結果は，民主政治におけるネガティビティを肯定する見方と否定する見方のそれぞれとつながっており，今回の実験結果は，ネガティビティを肯定的に捉える見方を後押しするものではないかと考えられる。

最後に，今回の実験において政治行動レベルの指標として用いた感情温度計について取り上げる。今回明らかになった，感情温度計に基づく行動指標と前頭前野における脳活動の相関は，感情温度計で測定された選好変化が認知コントロールに基づく過程と関連する可能性を示し，感情温度計という行動指標が何を意味しているのかについて新しい見方を提供している。政治行動に関するメトリックな指標を提供する感情温度計は，今後のニューロポリティクス研究においてさらなる応用が期待できる。

5.2. 実験デザインについて

5.2.1 使用した広告

第4章で述べたように，今回の fMRI 実験において実験参加者が MRI 装置の中で視聴したのは，実際に過去にテレビで放映された選挙広告と商品広告であった。それらの広告を視聴している間に脳画像の撮像が行われ，視聴中に活動した脳部位の解明が行われている。選挙広告は，1992 年のアメリカ大統領選挙の際に放映された広告を用いており，二大政党の候補者であった共和党のジョージ・ブッシュと民主党のビル・クリントンの陣営がそれぞれ制作したテレビ広告を用いている。他方，商品の広告は，政治的意思決定過程と経済的意思決定過程の比較を意図して選挙広告との対比で用いることとしたものである。よってアメリカ大統領選挙における二大政党の候補者の対立に類似するものとして，市場における競争の激しい二

大会社による広告を用いることとし，コーラの二大ライバル会社と言えるコカ・コーラとペプシ・コーラのそれぞれが制作したテレビ広告を用いることとした。コカ・コーラとペプシ・コーラに関しては，これまでに神経経済学におけるブランド名の効果に関する研究でこれらの二つのブランドが取り上げられている (McClure et al. 2004)。選挙広告は，当時の選挙キャンペーン広告を集めたビデオをアメリカの図書館から入手し，コーラの広告についてはYouTubeから入手した上で各コーラ会社に今回の実験で使用する旨を連絡してから使用した。

選挙広告と商品広告について，それぞれポジティブな内容のものとネガティブな内容のものが用いられている。選挙広告についてポジティブ広告とネガティブ広告を区別するにあたっては，Lau and Pomper (2004, p.4)と同様に，自身について言及しているものをポジティブ，対立候補を批判している場合をネガティブ，としている。入手可能な広告の中から，ブッシュ，クリントン，コカ・コーラ，ペプシ・コーラのそれぞれについて，ポジティブ広告を2分間分（30秒広告で4本分），ネガティブ広告を2分間分，選出した。

ブッシュ・クリントン両陣営が制作したポジティブ選挙広告の詳細をまとめたのが，表5-1，ネガティブ選挙広告の詳細をまとめたのが，表5-2である。特に記載があるもの以外，広告の長さは全て30秒である。広告が1分間の場合には，実験では30秒ずつに切り離して用いられた。広告をMRI装置内での呈示刺激としてきちんと30秒ずつに揃えるため，ビデオ編集ソフトを用いた。

選挙広告との比較のために用いた商品広告は，ポジティブな選挙広告に対応するものとして，コカ・コーラとペプシ・コーラのそれぞれが自社のコーラを前面に出して宣伝する一般的な広告を用い，ネガティブ選挙広告に対応するものとして，各社がライバル社のコーラを取りあげた上で自社のコーラの優位を示す比較広告を用いている。このコーラの広告について簡略にまとめたのが表5-3である。

表 5-1 ポジティブ選挙広告の対比

	ブッシュ陣営による広告	クリントン陣営による広告
ポジティブA	白い背景に「私は強い福祉改革を好む」という文字が呈示された後、ブッシュの顔がアップで映し出され、福祉制度改革の必要性について強い口調で述べる（音楽はなし）。	クリントンが執務室で画面に向かって福祉政策について現政権を批判しつつ自らの計画と自身が知事を務める州での実績について語りかける（音楽はなし）。
ポジティブB	アップテンポな音楽と共に「世界は過渡期にある」と言う文字が画面に示され、21世紀に向けて必要な政策の方向性（減税、教育改革など）を語るブッシュの声と共に、青の背景でブッシュが話しかける様子と話の内容に関連する映像（教室内の子供達など）が入れ替わり映し出される。	アップテンポな音楽と共に、立会演説を行っているクリントンの映像と演説の一部が聞こえ、別の男性の声で、クリントンが大統領にふさわしい旨のナレーションが入ると共に、様々な有権者の映像やクリントンと副大統領候補ゴアの映像が入れ替わりに映し出される。
ポジティブC	執務室で窓から外を見ているブッシュの立ち姿が映し出されると共に、背景には穏やかな音楽が流れ、アメリカの現状と必要な改革・政策について語るブッシュの声が聞こえ、話の内容に関連する映像、執務室でブッシュが画面に向かって話しかける映像、話の内容に関連する様々な映像、と続き、最後はブッシュ夫妻が日差しの降り注ぐ中、木々を背景に子供達と歩む様子で終わる（1分間）。	背景に穏やかな音楽が流れると共に、クリントンが恵まれてはいなかった自らの生い立ちについて語る声が聞こえ、ケネディ大統領と会って公の仕事につこうと思った、と続ける。画面には幼少時の写真やケネディ大統領と対面した際の写真、州知事就任の際の写真など話の内容に関連する映像とクリントンが自宅のような部屋で語りかける映像が入れ替わりに映し出される（1分間）。

表 5-2 ネガティブ選挙広告の対比

	ブッシュ陣営による広告	クリントン陣営による広告
ネガティブA	アップテンポな音楽が流れ、クリントンはアーカンソー州の財政支出を増やすために州税、販売税、ビール税、等々を増税した、と男性の声でナレーションが流れる。それと共に、関連するスーパーやビールの映像と増税に署名するクリントンの映像の早送りが交互に映し出される。ナレーターはさらに、クリントンが大統領に選ばれたら2200億ドルの支出増を行うだろう、と語り、「彼はどこからそのお金を得ると思いますか？」という文字とナレーションが流れる。	「新しい税はない」と言明するブッシュの4年前の演説の様子が映し出された後、「ブッシュはアメリカ史上2番目に大きな増税に署名した」という文字に切り替わり、もう一度同じ演説の様子が映し出され、その後「ブッシュは中産階級に増税した」、「ビール税を2倍にしガソリン税を増税した」、「百万長者に対する減税を望んでいる」、「誰がその分を払うのか？」、「あと4年も（ブッシュ政権でいることは）できない」という文字がナレーターの読み上げる声と共に次々に映し出される。

	ブッシュ陣営による広告	クリントン陣営による広告
ネガティブB	右と左で2分割された画面にそれぞれ赤と青のネクタイをし、灰色のぼかしで顔を隠した人物が示され、男性のナレーションの声が、左側の大統領候補はペルシャ湾での軍事行動を支持した、右側の大統領候補はその軍事行動に反対した人に同意している、など両者が対立する発言をしていることを告げる。その後、ナレーターが、片方の候補者はビル・クリントンだ、と言うと、元々右側に示されていた人物の顔が現れ、クリントンであると判明する。続けてナレーターは、残念ながら、もう一人も（クリントン）だ、と言い、画面の左右にそれぞれ赤と青のネクタイをしたクリントンが映し出される。と同時に、「これには単純な訳があるのだ」と叫ぶクリントンの声で終わる。	ややコミカルな音楽と共に、ブッシュがメイン州にある自宅の前に立っている映像やメイン州でボート乗り・ゴルフをしている映像がカメラのシャッター音と共に映し出される。男性のナレーターの声が、ブッシュはほぼ全ての事をメイン州で行っている、メイン州民税を払う以外は、と述べる。画面には「メイン州民税を払う以外は」との文字が示される。ナレーターは続けて、ブッシュは税金のためにメイン州ではなく（税率の低い）テキサス州にあるホテルを住居として165,000ドルを「save（節税）」している、と述べ、画面には白い文字で「Bush saved $165,000ドル」と示される。ナレーターが、「あなた（の一票）が重要」、と述べて終わる。
ネガティブC	白黒で荒野に厚い黒雲が広がる様子が映り、風が吹きすさぶ音や落雷の音が聞こえる。女性ナレーターの低い声が、知事としての12年間にクリントンは州債を2倍にし、州支出を2倍にし、州史上最大の増税に署名した、と言う。同時に、画面には「州債を2倍に」等の文字が示される。ナレーターは続けて、だが彼の州は未だに仕事や子供にとって悪い州のままで、環境政策は最悪であり、FBIによるとアーカンソーは重大犯罪の増加率が国内一高かった、と言い、画面には同様の文字が示されていく。続けてナレーターは、今やビル・クリントンはアーカンソーで行ったことをアメリカ全体で行いたがっている、アメリカはそんなリスクを負うことはできない、と言い、画面は枯れ木にハゲタカのような鳥が止まっている映像で終わる。	「今後8年間で3000万の雇用」と話すブッシュの4年前の映像の後、「1990年、アメリカの失業率は過去3年で最高であった」というナレーションと文字に替わり、「我々が不況下にあるとは言えない」と発言する1991年11月のブッシュの映像に続き、「1992年3月に失業率は過去6年で最高であった」と示され、「経済は強くなっている」と発言する1991年10月のブッシュの映像に続き「ブッシュは失業補償を拒否した」とのナレーションと文字、「経済は成長し続けている」と言う1992年7月のブッシュの映像に続き、「1992年7月、失業率は過去8年で最高である」「もしブッシュが問題を理解しないのならば…」「どうやって解決するのだ？」「あと4年も（ブッシュ政権でいることは）できない」というナレーションと文字で終わる。
ネガティブD	サスペンスドラマのような音楽と共に、女性の低い声が、クリントンは金持ちだけに課税すると言うが、クリントン経済が何を意味するかお知らせしましょう、と述べる。画面に、工具を持つ白人男性と「ジョン・ケインズ蒸気管取りつけ工」「1088ドルの増税」と	背景にもの悲しい音楽が流れ、公園らしき所で有権者の男性が「2か所から給料をもらっても足りない…」と述べ、画面は「過去2年間に平均世帯収入は1,600ドル減少」との文字に切り替わる。次に女性が登場し、自宅らしき所で「ブッシュは私達のことを忘れてし

	ブッシュ陣営による広告	クリントン陣営による広告
	いう文字が示され，ナレーターが，1088ドルの増税，と述べる。画面には「100人のエコノミストが言うには」「より高い税率…より大きな負債」と示され，続けてスーツを着た黒人男性について同様に増税額が示され，「クリントン経済　あなたにとって間違い」「アメリカにとって間違い」「いくら増税？1-800-MEGA-TAXにお電話ください」と示され，男性の声が，あなたが払うかもしれない増税額を知りたければ1-800-MEGA-TAXにお電話ください」と言って終わる。	まった…」「医療費が高すぎる…」などと述べ，画面には「過去4年で世帯当たりの医療費は1,800ドルの増加」との文字が示される。このように5人の有権者がブッシュ政権に対する不満を語る合間に，ブッシュ政権下での所得低下，医療コスト上昇，増税のデータが文字で示される。最後に，クリントこそが未来の希望だ，と言う有権者の声が聞こえ，「クリントン／ゴア　変化のために」という文字が画面に示されて終わる。

表 5-3 コーラ広告の対比

	コカ・コーラによる広告	ペプシ・コーラによる広告
ポジティブA	ヒッチハイク中の男性がコカ・コーラを差し出して車を止める。	ベッカムの試合後にペプシ・コーラを差し出す少年が登場する。
ポジティブB	老人ホームにいる男性がコカ・コーラを飲んで元気になり様々な挑戦を行う。	若者がギターを弾き始めると，コーラが沸騰し，その勢いでビンのふたが弾け飛ぶ。
ポジティブC	木の上の小屋で遊んでいる子供たちにマイケル・ジョーダンがコカ・コーラを届ける。	ペプシを飲む若者でにぎわうビーチの様子がアップテンポな音楽と共に映し出される。
ポジティブD	泳ぐのを恐れるシロクマがコーラを目指して泳ぎだすというアニメーション。	パーティーで有名人の男女がペプシ・コーラの取り合いになる。
ネガティブA	子どもたちが回答者のクイズ番組で，ペプシと答えると間違い，コークが正解。	若き日のジミー・ヘンドリックスがペプシを選んでギタリストに，という（架空の）ストーリー。
ネガティブB	2台の自動販売機の前で，コメディアンのビル・コズビーがコークは他のコーラに比べて甘くない，と力説する。	宇宙船が登場し，並んだペプシ・コーラとコカ・コーラの自動販売機のうちペプシの自動販売機だけ吸い上げる。
ネガティブC	ビル・コズビーがペプシ・コーラの缶をつぶしながら，コカ・コーラの優位を語る（1分間）。	自動販売機で男の子がコカ・コーラを買い，それを踏み台にして（ボタンが届かなかった）ペプシ・コーラを買う。
ネガティブD	（ネガティブCが1分間のためなし）	コカ・コーラを持った男の子とペプシ・コーラを持った男の子が登場し女の子がペプシの男の子を選ぶ。

5.2.2 既存研究の刺激と今回の刺激

　今回の実験で呈示された刺激は以上のような内容であったが，既存研究で用いられた刺激と比べてどのような特徴があるのであろうか。本項では，既存のネガティブ広告の実験研究や第1章で見たニューロポリティクスの先行研究で用いられた刺激の内容について再度取り上げ，今回用いられた刺激がそれらと比べてどのようなものであったかを説明することとしたい。

　政治広告に関する既存の心理行動実験研究としては，第3章で言及したAnsolabehereとIyengarによるネガティブ広告に関する研究がある(1995)。先にも述べたように，彼らの研究では，ネガティブ広告とポジティブ広告を比較する際に，映像とナレーターの声を同一にしてナレーションの文章だけがネガティブな内容とポジティブな内容とで異なる2種のテレビ広告を独自に制作し，実験に用いている。そうして，用いた2種類の刺激（広告）の違いがネガティブであるかどうか，の一点のみであることを利用して，ネガティブ広告の効果に焦点をあてて検証している。

　他方，既存のfMRI実験においてはどのような刺激が用いられているであろうか。第1章で紹介した先行研究を大きく分類すると，(1)対立する選挙候補者や異なる人種の人々の写真を呈示するもの（Kaplan et al. 2007; Phelps et al. 2000; Cunningham et al. 2004），(2)様々な文章を読んでもらうもの（Westen et al. 2006; Schreiber and Iacoboni 2004），(3) Go / No - Go 課題や Implicit Association Test，囚人のジレンマ等のゲームのように何らかの課題を行ってもらうもの（Amodio et al. 2007; Knutson et al. 2006; Rilling et al. 2002; Singer et al. 2004）がある。これらの刺激の内容を吟味していくと，前述のAnsolabehereとIyengarが作成したポジティブ・ネガティブ広告のように，一方にはある条件を課し他方には課さないといった形で刺激の内容を対応させる設計にはなっていないことがわかる。

　写真を用いた先行研究には，候補者認知と人種の認知を取り上げたものがあるが，用いられた候補者の写真は実際の大統領選挙候補者であり，人種の認知の場合も実存する人々の写真である。候補者認知の場合は候補者の所属政党の違いを検証するものだが，各政党の候補者の写真には外見的特徴（若さや容姿など）など政党に由来しない要因も含まれており，写真を見た人が，所属政党と外見的特徴のどちらを根拠に判断するかといった

条件を一致させることはできない。人種の写真については, 各人種について様々な年齢層に属する人の写真を数多く用いて平均化するといった対処法が考えられるが, 候補者の場合と同様に人種以外の要因が影響を与える可能性は完全には排除できない。

　他方, 文章を比較する場合には, 政治的な文章と非政治的な文章の比較のように抽象的に条件を比較することが可能であるように思われる。とは言え, Westen et al. (2006) のようにブッシュに関してはエンロンの事例, ケリーの場合には社会保障の事例, というように実際に起こったことに基づいて刺激を作成するとなると, 刺激の内容を対応させることは困難になる。

　3つ目のMRI装置内で課題やゲームを行ってもらう場合には, 上記の2つの場合のように異なる刺激の内容を用意してそれらを比較するわけではなく, 同じ課題を遂行してもらう。その際に参加者によって行動結果が異なることから, その行動結果の違いについて分析することとなる。

　翻って, 今回のfMRI実験研究の刺激について考えてみると, Kaplan et al. (2007) と同様に, 今回も実際に行われた大統領選挙の候補者を取り上げている。今回の実験は, 実際の選挙の際にテレビで放映されている広告が脳内でどのように処理されているかを検証するものであったため, 実際に過去の選挙において用いられた広告を使用することとし, 比較のための商品広告も実際に放映されたコーラの広告を用いることとしている。神経科学においても, 研究の対象や問題関心によっては, ヒトが現実社会で接することの多い刺激を用いた実験を行うことで, 新たな解明につながることがある。例えば, 言語機能の男女差についての研究では, 朗読を聞くという日常生活で実際に行われるようなタスクを用いたfMRI実験を行うことで, 単語レベルの判断という実験のため特に用意されたタスクを用いた既存のfMRI実験では見い出せなかった結果が明らかになっている (Kansaku et al. 2000)。また今回の実験には, 実際に放映された広告を用いたという意味で, 第2章で言及した「構成妥当性」があると考えられる。

　実際に放映された広告を用いているため, ポジティブ・ネガティブ間や両候補者間, 商品間での刺激は完全には対応していないが, 重要なのは, 今回の主な研究結果は, ネガティブ広告を視聴している間の選好変化と脳活動との関連をめぐるものである, という点である。自分の支持する候補

者を対立する候補者が攻撃するネガティブ広告は，広告視聴者にとって同じ社会的意味を持つと考えられる。今回の実験研究では，そのような広告を視聴する際の参加者によって異なる行動結果（選好変化）と脳活動の関係を分析した結果，相関関係が明らかになったのである。

なお，主な研究結果には直接は関係ないものの，今回の実験においては，広告の内容ができるだけ条件間で対応したものとなるよう，ブッシュとクリントン，コカ・コーラとペプシ・コーラのそれぞれについて，数ある実際の広告の中からできるだけ対応するものを，ポジティブ・ネガティブそれぞれについて選んで用いている。先に示した表5-1, 表5-2, 表5-3で対比させているように，ポジティブＡの選挙広告は，両候補それぞれが，自身の政策についてカメラに向かって語りかけるものであり，ポジティブＢの選挙広告は，アップテンポな音楽を用いた広告，といった具合である。

ネガティブ広告に関しては，今回使用した広告の多くが政策争点に関する内容となっている点にも留意する必要がある。ネガティブ広告の内容については，表5-2のネガティブＢの広告として紹介されているブッシュの税金逃れを指摘する広告やクリントンの発言の矛盾を批判する広告のように個人攻撃を行っているといった印象が強くあると思われる。しかしながら，第3章で述べたように，実証研究ではテレビ広告の多くが争点に関するものであると報告されている（Kaid 2004b）。このことを反映して，今回の実験においても，過去に実際に使用された広告の内容に対応するかたちで，政策争点に言及するネガティブ広告が多く用いられている。相手候補の政策を批判する広告と個人を誹謗中傷する広告等を区別して比較することは今後の課題として残るが，今回の実験では実際に用いられている広告を視聴する際の認知過程を検証することを優先している。

最後に，1992年の大統領選挙における広告を用いた理由にはいくつかある。その1つは，実験参加者が実際に放映された時には見ていないテレビ広告を用いる必要があったというものである。全ての実験参加者が今回の実験で初めて広告の映像を見るという同一の条件を確保するために，比較的年齢の若い参加者を募集すると共に，過去にさかのぼって放映された広告を用いることとした。この参加者については次項でより詳しく述べることとしたい。加えて，大統領選挙テレビ広告においてネガティブな内容が増えたのが1990年代初めとされること（Kaid 2004b; Geer 2006）も，1992

年の大統領選挙の際の広告を用いた理由の1つである。さらには，選挙当時にブッシュが現職の大統領，クリントンが現職の州知事であったことから，お互いに過去の業績などについて批判をしやすい状況であったということもある。

5.2.3. 実験参加者

選挙広告，特にネガティブ広告の視聴が，選挙候補者に対する支持に影響を及ぼすかどうかを検証するにあたり，今回の実験では，候補者支持に影響を与えうる他の要因を排除するようにしている。前章でも述べたように，今回の実験の参加者は，1992年の大統領選挙の際に放映された選挙広告を視聴していない，実験時（2007年夏）に20代であった学生である。1992年の大統領選挙時にブッシュ・クリントンに対する支持・不支持が形成されていない人が実験に参加することで，より直接的に実験時に視聴する選挙広告の効果を検証することを意図している。さらに，参加者の性別・年齢・イデオロギーについても，質問調査で回答してもらい，ネガティブ広告視聴後の支持変化の有無とそれらの属性との間に統計的に有意な関連がないことが確認されている。

実際の選挙に関わりのなかった人を参加者として募集した今回の実験と異なり，これまでのニューロポリティクス研究では，政党を支持している人や党員を実験参加者として募集し，直近にあった大統領選挙を題材にして，候補者の認知を検証している。第1章で紹介した「動機付けられた推論」の実験（Westen et al. 2006）や2004年大統領選挙候補者の写真を見る実験（Kaplan et al. 2007）はそのような例である。これらの実験においては，情動に関連するとされる島皮質などの活動が検出されたのに対し，今回の我々の実験ではそのような活動は検出されていない。その原因として考えられる理由の1つが，実験参加者の違いであり，従来のニューロポリティクス実験での政治的認知や意思決定においては，参加者の党派性が影響を及ぼしていたのではないか，と考えられる。この点については，次節で詳述することとする。

党派性の違いによって実験結果に違いが生じるとすると，今回の実験結果が有権者全体に一般化できるのかどうか，という外的妥当性の問題が生じる。今回の結果は，党派性の弱い人の候補者認知が党派性の強い人の候

補者認知と異なる可能性を示し，ニューロポリティクスの既存研究の外的妥当性に疑義を呈するという成果に結びついている。翻って，党派性の強弱によって候補者の認知過程が異なるならば，今回の実験は党派性の弱い有権者を想定したものとして，現実の状況に対応させることができ，従来のニューロポリティクスの結果は，党派性の強い有権者を想定したもの，と考えることができよう。

ここで党派性の弱い人が現実の状況において誰に相当するかと言えば，近年注目される無党派層が挙げられる。アメリカでは特定の政党への帰属を表明しない Independent voters が 30％を占めるとされる（Ambinder 2006）。日本においては，「55年体制」の崩壊した1993年から無党派層が増え始め，「支持する政党を見つけたいが，見あたらない」「選挙のたびに投票先を判断する」「特定の政党に縛られたくない」「政党という存在を好きになれない」「支持する政党がたびたび変わる」「政治そのものに関心がない」といった理由で自身を無党派層と考える人が有権者の半数を占めるとされる（田中 1998; 高木他 2007）。党派性の強い有権者に参加者を絞った従来のニューロポリティクス研究に対し，これまでに選挙候補者認知において取り上げられることのなかった無党派層につらなる参加者を募集しているのが今回の実験であり，近年重要性を増す研究対象である無党派層の政治的認知に目を向けたものとなっている。

5.3. 民主主義にとってのネガティビティ

5.3.1. 従来の対立的見解

第3章において，政治学ではネガティブ広告が政治的態度や政治参加に及ぼす効果をめぐって実証研究の結果が分かれていることを見たが，それらの相反する研究結果は，民主主義においてネガティブ広告はどのように評価されるべきか，という規範的議論におけるネガティブ広告を批判する立場とネガティブ広告を評価する立場とそれぞれ結びついている（Lau and Rovner 2009; Ide et al. 2008）。

ネガティブ広告に対する批判的な見解の代表例は，Ansolabehere and Iyengar の *Going Negative*（1995）である。既に見たように，彼らの研究結果は，ネガティブ広告を視聴すると政党支持者がそれぞれの支持をさらに強くす

ることで有権者の極化が起こる一方，無党派層を中心にネガティブ広告を見ると投票に行かなくなる傾向があることを示し，その後の議論に大きなインパクトを与えた。同じ本の中で，彼らは誤解を招くような内容のネガティブ広告やイメージ戦略の存在を取り上げ，民主主義に害をもたらすネガティブ広告を減らすための処方箋を提案している[52]。

　他方，ネガティブ広告を肯定的に捉える見解の代表例は，Geer の *In Defense of Negativity* (2006) である。Finkel and Geer (1998) の実証研究において無党派の有権者がネガティブ広告を見て投票に行かなくなる効果は見られない，とした Geer は，2006 年の著書においてネガティブ広告の方がポジティブ広告よりも争点について取り上げることが多いとし，政治に異論や批判が付き物であることや民主政における野党の役割などに言及しつつ，ネガティブ広告のもたらす情報が政治的議論をよりよいものにし，民主主義にとって有益であると主張している。

　さらにこのネガティブ広告に対する否定的／肯定的な見方に関連して，ネガティビティが引き起こす情動・感情の役割をめぐる研究も最近行われている。喜び，悲しみ，といった感情は，人間の意思決定を大きく左右するものであり，政治に関しても民族紛争や暴動など，情動・感情は理性的な判断を曇らせ，人間を破壊的な行動やコストの大きな行動へと突き動かしがちである。従来，特に西洋世界においては，情動や感情は合理的判断を阻害するものとして否定的に捉えられてきており（Marcus 2002; Walzer 2004），この考え方に従えば，情動的反応を引き起こすネガティブ広告は冷静な判断を邪魔するものであって，Ansolabehere らのように規制の対象とすべきという議論となりやすい。

　ところが近年，脳神経科学分野を中心に情動が「合理的」意思決定に貢献している可能性が報告されており（Damasio 1994），その状況を反映して，政治学においても情動（emotion）を肯定的に捉える研究が増加している。情動の問題に早くから取り組んでいる Marcus らは，1980 年のアメリカの選挙調査データ（ANES）等を用いて，有権者は不安（anxiety）が大きいほど，キャンペーンに注目して政治的学習を行い，熱中（enthusiasm）

---

[52] とは言え，Ansolabehere らも争点に関する広告が有権者の候補者選択に役立つ情報を提供していることは指摘している。

が大きいほど，候補者支持と政治的関与が強くなる，と報告している（Marcus and Mackuen 1993）。同様に，Nadeau et al.（1995）も，不安や脅威が争点の重要性を通じて政治的学習に影響があることを示している。Marcus and Mackuen（1993）では，不安と政治的関与の間に関連は見い出されていないが，Rudolph et al.（2000）は，Marcusらと同じ1980年のANESデータを用いて，同様に不安と政治的関与の関連を検証する上で「政治的有効感」を第三の変数として投入し，政治的有効感が高い人で，不安感と政治的関与の間の統計的に有意な関連を確認している。さらに，Marcusらは2000年の著書において，脳神経科学の研究に言及しながら，情動の政治的行動に対する影響のメカニズムを仮説的に提示している（Marcus et al. 2000）。この著書では，傾向（disposition）システムと監視（surveillance）システム，という二重過程論にも通じる2つのシステムを区別し，不安が喚起されるともともとの政治的な習慣（傾向システム）に頼る傾向が小さくなり，学習するよう動機付けられ，環境に注意を向けるようになる，といった仮説を立てている。そしてこの仮説を検証するため，ANESデータを1980年から1996年まで拡張して分析を行い，不安と学習の関連を示している。これらの研究結果は，ネガティブ広告が喚起しやすいと考えられている不安といった情動が政治に関する学習を促しやすいという傾向を示しており，ネガティブ広告が民主政治の役に立つ可能性を示唆していると言えよう[53]。

　以上の情動と政治行動の関連についての分析は調査研究に基づくものであり，パネルデータを用いることで因果関係についても検証を行おうとしているが，より厳密な因果関係の検証のため実験研究も行われている。Brader（2005）は，1998年のマサチューセッツ州知事選挙のための民主党予備選挙を前に実験を行い，広告により熱中が喚起されると，参加が促され既存の党派性が活性化されること，広告により恐れが喚起されるとその

---

[53] なおMarcus et al.（2000）は，選挙キャンペーンやネガティブ広告についても言及しており，同じネガティブ広告でも1994年の中間選挙における共和党陣営によるクリントンに対する攻撃のように熱中を冷ます内容であれば投票参加を抑制するが，1998年中間選挙の際の共和党陣営の攻撃のように対立陣営に脅威を与える内容であれば不安を喚起し投票参加を促す，として，ネガティブ・キャンペーンの内容を区別する必要を唱えている。

時点における評価に頼りやすくなり説得されやすいことを報告している。Valentino et al. (2008) の実験では，テレビ広告ではないものの政治に関する新聞記事を用いて，不安が喚起されると情報を求め学習を行おうとする，という結果を得ている。

以上のように政治学においては，ネガティブ広告が民主主義において果たす役割をめぐって否定的な見方と肯定的な見方が存在し，それに関連してネガティブ広告が引き起こすと考えられる情動／感情的反応が民主主義において果たす役割についても，従来の否定的な見方に対して，近年実証研究を通じて肯定的な見方が示されている。

5.3.2. 今回の実験結果の含意

前節で見たように，ネガティブ広告に対しては，民主主義の観点から否定する見方と肯定的に捉える見方の相対立する見解が示されている。このような状況に対して，今回の実験は，有権者がネガティブ広告を視聴する際に何が起こるかという心理過程を解明することを通じて，その民主主義に対する含意を明らかにする手がかりを提供するものである。従来の実証研究においては，調査研究と実験研究の両方において，ネガティブ広告は感情に訴えている，という推測が広く見られるが (Marcus et al. 2000; Brader 2005)，それらの研究では視聴者がネガティブ広告を視聴する際の実際の心理的過程が明らかになっているわけではない。今回の実験は，脳神経科学の方法を用いることで，その過程の実態を解明することを目的としている。

今回の実験において，ネガティブ広告を視聴した後に，攻撃されている候補者に対する選好が下がる傾向にあった人と上がる傾向にあった人のそれぞれにおいて，認知コントロールを司るとされる前頭前野の異なる部位においてより強い活動が見られたことは，従来のネガティブ広告実証研究における感情／情動中心の捉え方に対して，認知コントロールの側面への注目を促すものである。

他方，今回の実験で情動に関する活動が検出されなかったことは，直ちにネガティブ広告の視聴と情動に関する活動との間の関連を否定することにつながる訳ではなく，前節で述べたように，今回の実験参加者の党派性が弱かったという点に留意する必要がある。第1章で紹介した候補者認知

に関する脳神経科学の既存研究においては，アメリカの共和党と民主党の党員や熱心な支持者が実験に参加しており，党派性の強い参加者で実験を行っている。これらの実験では，候補者の写真や言動といった情報を処理する際に，情動との関連が指摘される島皮質（insula）等の活動が検出されている。これに対し，今回の実験に参加した人の多くは党派性が弱く，無党派層にあたる人々であった。

今回の実験においても，実験参加者が視聴した候補者の政党に党派としてコミットするという理由で支持を与えていたならば，ネガティブ広告を視聴した際に情動関連の領域が検出された可能性はある。実験や調査研究を用いた既存のネガティブ広告の実証研究においても，共和党員の方がネガティブ広告の効果が強かったり，政党支持者が自分の支持候補による攻撃をネガティブでないと見なす傾向など，支持政党や党派性の強さによって広告に対する反応の違いが確認されている（Ansolabehere and Iyengar 1995; Lau and Rovner 2009）。したがって党派性によって異なる脳活動が起こる可能性は十分考えられる。

よって今回の実験結果においてネガティブ広告視聴の際に前頭前野の活動が示されたことは，党派性の弱い有権者においてネガティビティが認知コントロールによって処理されるという可能性を示唆しており，少なくとも近年増加する傾向にある党派性の弱い有権者に関しては，先に見たGeer（2006）のようなネガティビティを肯定する議論を後押しするものと考えうる。

以上をまとめると，今回の実験結果は，党派性の弱い有権者がテレビ広告を視聴する際にネガティビティが認知コントロールによって処理される可能性を示しており，その直接的な含意としては，少なくとも党派性の弱い有権者にとって，民主主義におけるネガティビティの役割は評価されるべき，と考えられるデータを提供している。と同時に先行研究との対比から間接的な含意としては，ネガティブ情報の処理過程が党派性によって異なる可能性があることを示す結果となった。複雑な人間行動を左右するパーソナリティなどの個人差については，近年脳神経科学においても研究が進んでいるが（Hariri 2009），党派性の有無によって政治的意思決定がどのように異なるかは重要な問題であり，今後更なる解明が望まれる。

5.4. 感情温度計の有用性

5.4.1. 脳神経科学で用いられる行動指標

　社会的行動の神経的基盤を明らかにする上で行動指標の値と脳活動指標の値との間の相関／連関を検証することは，社会神経科学の既存研究にも多く見られ，有効な方法の1つである。本書の第1章においても，ニューロポリティクスの既存研究の中で，無意識下の評価を測定するとされる潜在的連合テスト（Implicit Association Test: IAT）やまばたき，信頼ゲームといったゲームにおける選択結果が行動指標として用いられていることを紹介した。

　今回の実験研究においては，「感情温度計」に基づく行動指標と脳活動の指標である fMRI の信号変化との間に有意な相関関係が示された。感情温度計は，ある人物（政治学の調査では選挙候補者など）や集団（政党など）について，その対象への感情は，「温度計にたとえると何度でしょうか」という質問を行い，最も好ましい場合は100度，最も好ましくない場合は0度，中立的な場合は50度とし，0度～100度の間で答えてもらうものである（図5-1）。政治学では，アメリカの選挙研究調査である ANES（American National Election Studies）において1968年から使用され始め（Weisberg and Miller 1979），日本でも JES（Japanese Election Studies）など選挙研究の調査でしばしば用いられている（蒲島他 1998; 今回の感情温度計を用いた質問は補遺2を参照されたい）[54]。

図 5-1 感情温度計

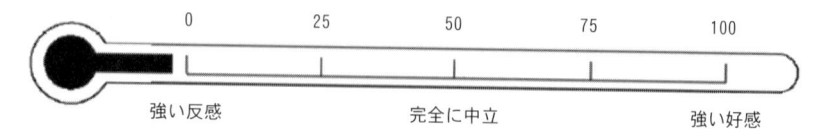

```
        0      25      50      75     100
●━━━━━┿━━━━━┿━━━━━┿━━━━━┿━━━━━┥
     強い反感        完全に中立         強い好感
```

54　第1章でも言及したように，調査質問に関しては様々な問題点が指摘されており（Schuman and Presser 1981），感情温度計に関しても同様の留意が必要である。

5.4.2. 今回の実験結果の含意

　今回の実験においては，それぞれの広告の映像を全て見た後に，各選挙広告セッション後にブッシュとクリントンのそれぞれの候補に対してどう感じたかを感情温度計を用いて質問している。その結果，ネガティブ広告視聴後に攻撃された候補に対する感情温度が下がった人ほど前頭前野の背外側部により強く活動が見られ，ネガティブ広告視聴後に攻撃された候補に対する感情温度が下がりにくかった（もしくは温度が上がった）人ほど前頭前野の内側部により強く活動が見られたことがわかった。このように感情温度の変化（政治的選好／態度の変化）と前頭前野における脳活動との間に統計的に有意な相関が示されたことから，少なくとも今回の実験においては，ネガティブ広告視聴をめぐる情報処理過程に「冷静な（cool）」認知過程とも言われる認知コントロール過程が関わっていた可能性が示された，と結論付けている。また，候補者選択の変化の有無を左右すると考えられる感情温度の下降と正の相関をする脳活動の部位と負の相関をする脳活動がそれぞれ前頭前野の異なる部位に見られたことから，候補者の選択が変化するか，それとも継続するかのそれぞれが異なる認知的処理過程を伴っていた可能性も示唆されている。

　以上のように，今回の実験においては，政治的選好を自己申告に基づいて測定する「感情温度計」に基づく指標と広告視聴の際の脳活動の間に関連が示されたことで，感情温度計が何を測定しているのかについて，新しい視点を提供していると考えられる。「『感情』温度計」は，その名の通り回答者の好悪の感情の程度を聞く質問に基づいているが，この質問がより具体的に何を測定しているのかについて，これまでに厳密な検証がなされている訳ではない。今回の実験結果は，感情温度の値の変化が場合によっては（今回の実験で課された条件下では），感情や情動よりも高次の認知的な情報処理過程と関わっている可能性を示唆しているという点で，興味深いものとなっている[55]。

---

[55] 今回の実験の反省点の1つとして，コーラに関し感情温度計に相当するデータを収集していなかった，というものがある。もともと政治的認知に焦点を当てた実験でありコーラの広告は比較対象として取り上げたのみであったが，コーラに関する選好も測定できていればこちらの選好変化に関しても比較が可能であった。

金銭的価値やゲームにおける選択などの数値化によって社会的行動の指標が作成されやすい神経経済学と異なり，有権者の属性（性別，政党支持など）や投票行動（投票したかどうか）などカテゴリカルなデータを扱うことの多い政治学に属するニューロポリティクスの研究において，感情温度計のようなメトリックな指標は有用性が高いと考えられる。

　なお，感情温度計をはじめとするメトリックな指標の今後の有用性を考える上で留意しておかなければならないのは，脳神経科学において示される脳活動と行動指標の関係の多くが相関関係であって，それが直ちに因果関係を意味するわけではない，という点である。第1章で述べたように，政治学でも行動実験の利点の一つとして因果関係の解明が挙げられることが多い[56]。しかしながら，実験タスクを行っている間の脳活動を測定するfMRI実験は，タスクと脳活動との間に因果関係を想定しておらず，統計分析を用いて有意な相関関係を析出するのみである。今回のfMRI実験を例とすれば，広告等の刺激が提示され，その内容を視聴している時の脳活動を測定してはいるものの，その脳活動が広告によってのみ引き起こされたものなのか，内的な別の要因（記憶の想起など）によって引き起こされたものであるのかを検証することは現在の方法では難しい。

　よって今回の実験は，感情温度計を用いた指標と脳活動との相関（neural correlates）を検証した初めての実験，という点で意味があり，従来の行動分析を中心とする政治学の研究では得られなかった視点と仮説の提示を行うと共に，ニューロポリティクス研究における感情温度計の有用性を確認するという成果を得たと言ってよい。

---

[56] 行動実験の場合には，与えられる条件（例えば広告視聴）と各条件下で観察される行動（例えば候補者支持の変化）との間に因果関係が想定されている。

第6章 本fMRI実験研究をふまえた行動分析

6.1. はじめに

　今回の実験結果においては，感情温度計による行動指標と前頭前野における各部位の脳活動との間に相関関係が検出され，これまでにない感情温度の解釈の可能性を示唆している。このような脳活動分析の結果が蓄積されることで，行動の背後にある心理過程が明らかにされ，行動データを解釈する上での指針となりうる。第1章でも述べたように，脳のレベルの分析が行動レベルの分析に一定の制約を加え精緻化することが期待されるのである。このように，ニューロポリティクスの貢献の1つとして，脳内過程の分析結果が従来の行動分析をさらに深化させる，という点が挙げられる。本章では，その具体例として，今回の実験結果をふまえた行動データ分析を行うことで，ニューロポリティクス研究がどのように行動研究に貢献することができるかを確認することとしたい。

　前章で見たように，今回の実験においては，fMRIによる脳活動の測定に加えて，各選挙広告セッションの後には2人の候補者のうちどちらがよいか，各コーラ広告セッションの後には2つのコーラ・ブランドのうちどちらを好むか，を口頭で回答してもらっており，さらに全セッション終了後には質問調査において各選挙広告セッション後のそれぞれの候補者に対する感情温度を回答してもらっている。厳密に言うならば，前者の回答は選択の意思決定とその口頭報告であり，後者の回答は過去の時点における選好／態度の自己評価による報告であるが，前者の方が行動に近く，後者は心理的指標に近いと考えられる。よって次節ではまず，前者を選挙広告

視聴後の候補者選択行動のデータ，後者を選挙広告視聴後の候補者選好を示すデータとして，それぞれの指標について広告視聴前後における変化を確認する。第3節においては，二値変数である候補者の選択が，候補者選好などの感情温度計に基づくメトリックな変数によってどれだけ説明できるかを見ていくこととしたい。

6.2. 広告視聴前後の変化

6.2.1. 選択の変化

前章で紹介したように，選挙広告とコーラ広告の両者において，ネガティブ広告，2回目のポジティブ広告の視聴後に候補者とブランドの選択が変わった参加者が見られた。選択変化の人数をまとめたのが表6-1である。選択が変化した人数が一番多かったのは選挙のネガティブ広告を視聴した後であり，コーラの比較広告に比べると人数の上ではその「効果」が大きかったということになろう。他方，2回目のポジティブ広告を見た結果，選択が変わった人については，選挙広告では13人中11人が，コーラ広告では10人中4人が当初の選択に戻るかたちでの変化であり，これらの行動がどのような心理過程によるものであるかは，このデータのみからは推測することが難しい。

表 6-1 広告視聴後に選択が変化した人数

	選挙広告	コーラ広告
ネガティブ広告後	18	11
ポジティブ広告後	13	10

6.2.2. 選好の変化

ネガティブ広告を見て選択が変化した人々（変化グループ，18名）とネガティブ広告を見て選択が変化しなかった人々（変化なしグループ，22名）のそれぞれについて，最初のポジティブ広告の後に選んだ候補（＝その後に視聴したネガティブ広告で攻撃された候補）に対する感情温度をプロットしたのが図6-1，それぞれのグループの平均値の推移を示したのが図6-2である。

まず図6-1を見ると，変化なしグループは，温度の変化が比較的に安定

図 6-1 ネガティブ広告で攻撃された候補に対する各セッション後の感情温度

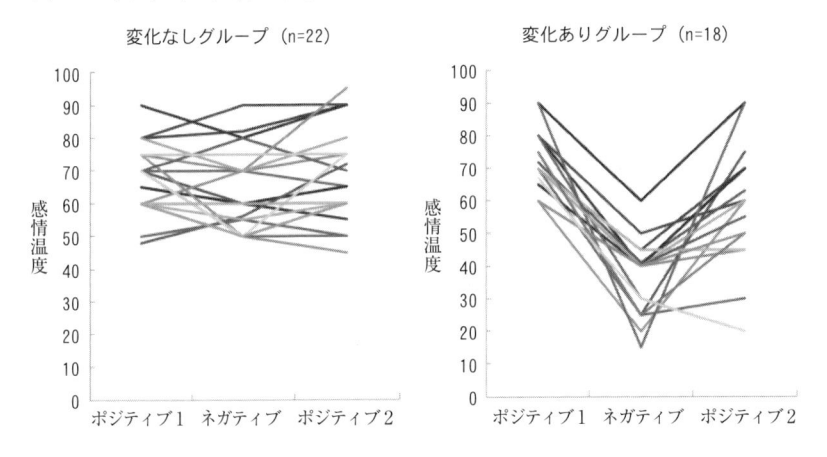

変化なしグループ（n=22）　　　　変化ありグループ（n=18）

しており，ネガティブ広告視聴後に攻撃された候補に対する温度が下がる人と温度が上がる人の両方が見られる。図6-2に示されている各セッション後の感情温度の平均は，1回目のポジティブ広告後が67.6度，ネガティブ広告後が63.8度，2回目のポジティブ広告後が68.3度である。セッション間のt検定では5%水準で有意な差はみられなかった。

他方，変化ありグループでは，ネガティブ広告後に感情温度が急激に下がり，その多くで2回目のポジティブ広告後に感情温度が元に戻る傾向が見られる。各セッション後の感情温度の平均は，1回目のポジティブ広告後が72.4度，ネガティブ広告後が36.2度，2回目のポジティブ広告後が56.8度で，セッション間のt検定では，1回目のポジティブ広告のセッションとネガティブ広告セッションの間，ネガティブ広告セッションと2回目のポジティブ広告セッションの間，1回目のポジティブ広告のセッションと2回目のポジティブ広告セッションの間，の全てにおいて，有意な差がみられた（どちらも$p<0.001$）。とはいえ，温度の戻り方は元通りの温度に戻る人から少しだけ戻る人まで様々である。その一方で，温度が下がったままの人や2回目のポジティブ広告でさらに温度が下がる人も見られる。温度変化の幅は人それぞれであるものの，変化グループと変化なしグループでの傾向の違いは明らかであり，特に変化グループの人々の温度変化のパターンは非常に類似している。

図 6-2 ネガティブ広告で攻撃された候補に対する各セッション後の感情温度
(平均値)

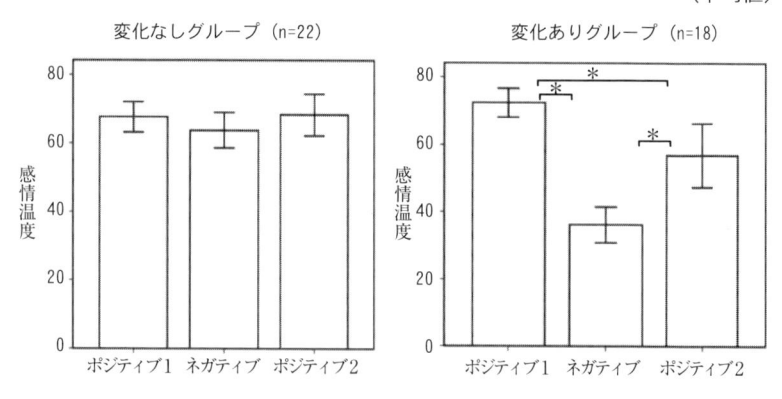

アスタリスク（*）はt検定で有意な（p<0.05）違いがあったことを示す。誤差を示す線（error bar）は平均値の標準誤差。

　次に，最初のポジティブ広告の後に「選ばなかった」候補（＝その後に視聴したネガティブ広告を制作した候補）に対する各セッション後の感情温度をそれぞれのグループについてプロットしたのが図6-3，各グループの平均値の推移を示したのが図6-4である。

　図6-3に示されている変化なしグループでは選択しなかった候補に対する感情温度が最初から低い人が多かったことが示されている。図6-4に示されている各セッション後の感情温度の平均は，1回目のポジティブ広告後が35.0度，ネガティブ広告後が32.2度，2回目のポジティブ広告後が34.0度である。セッション間のt検定では5%水準で有意な差はみられなかった。

　一方，変化グループではネガティブ広告を作った候補に対する温度が上がる人が比較的に多く見られ，広告の効果があった様子がみられるものの，2回目のポジティブ広告後に温度が下がっている人もある程度見られる。各セッション後の感情温度の平均は，1回目のポジティブ広告後が50.7度，ネガティブ広告後が56.8度，2回目のポジティブ広告後が56.4度であった。セッション間のt検定では5%水準で有意な差はみられず，今回のデータでは広告の視聴と最初に選択しなかった候補に対する温度変化との関連は確認されなかった。

図 6-3 ネガティブ広告を制作した候補に対する各セッション後の感情温度

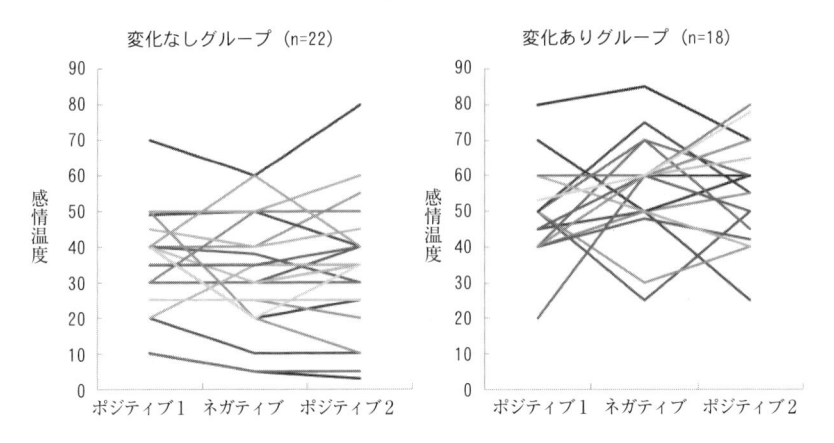

図 6-4 ネガティブ広告を制作した候補に対する各セッション後の感情温度（平均値）

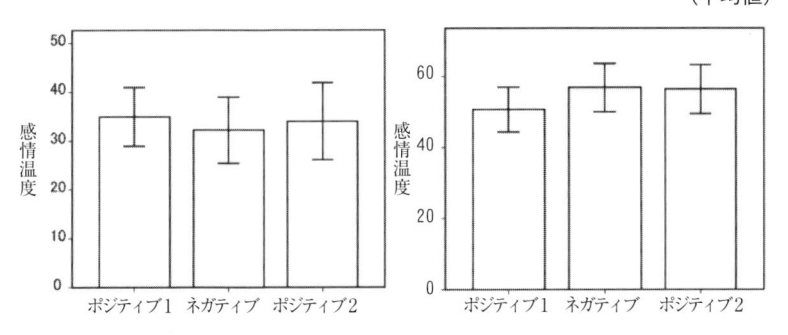

セッション間の t 検定での有意な（p<0.05）違いはなし。

　各グループにおける傾向については，攻撃された候補に対する温度変化の傾向に比べると個人差が大きく，パターン化されにくいことが見受けられる。視聴した広告が，もう一方の候補を取り上げて攻撃するものであったことを考えれば，その広告を制作したとは言え映像には出てこない攻撃した方の候補に対する評価には直接影響しにくい（もしくは視聴した人によって評価に違いが出やすい）ということは，十分考えられる。このように反応に個人差が出る場合には，ある程度パターン化して見ていく必要があろう。

6.3. 候補者選択変化の説明

6.3.1. 選好変化による説明

　以上の結果から，変化グループと変化なしグループで傾向が明らかに異なっている．攻撃された候補に対するネガティブ広告前後の温度変化に注目し，参加者全40名のそれぞれについて，感情温度の変化（ネガティブ広告視聴後の攻撃された候補に対する感情温度－同広告視聴前の同候補に対する感情温度）を並べたのが，第4章図4-4の再掲である図6-5である．選択の変化の有無を選好の変化でどれだけ説明できるかを見るために，前者を従属変数，後者を独立変数としてロジスティック回帰分析を行ったところ，回帰係数は － .404958（z= － 2.11）であった（対数尤度 = － 5.3786046，Pseudo R^2 = 0.8046）[57]．ネガティブ広告視聴後に選択が変化するオッズ（「変化する確率」の「変化しない確率」に対する比）について言い換えると，ネガティブ広告視聴後に温度が1度下がる毎にそのオッズは約1.499倍（約49.9%の増加）になる．

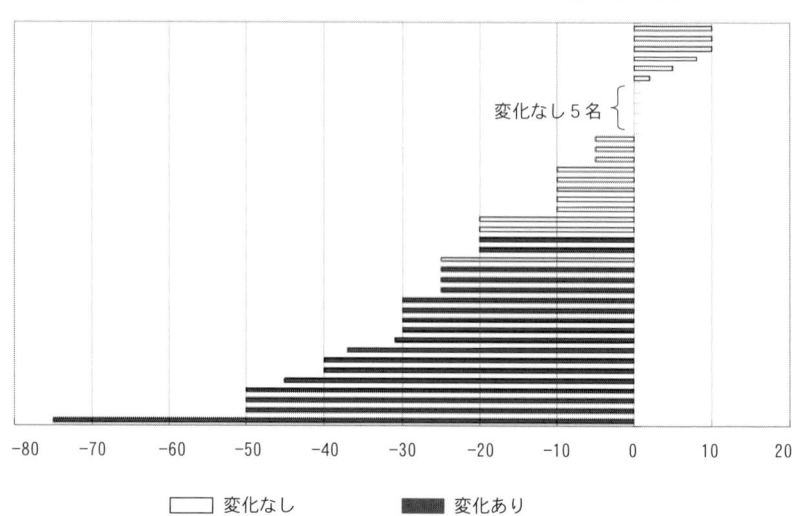

図 6-5 ネガティブ広告前後の攻撃された候補に対する感情温度の変化[58]

57　本項のロジスティック回帰分析結果の詳細は補表2を参照されたい．
58　温度の変化が0であった5名は全て候補選択の変化がなかった．

図 6-6 攻撃された候補と攻撃した候補に対する感情温度の相関

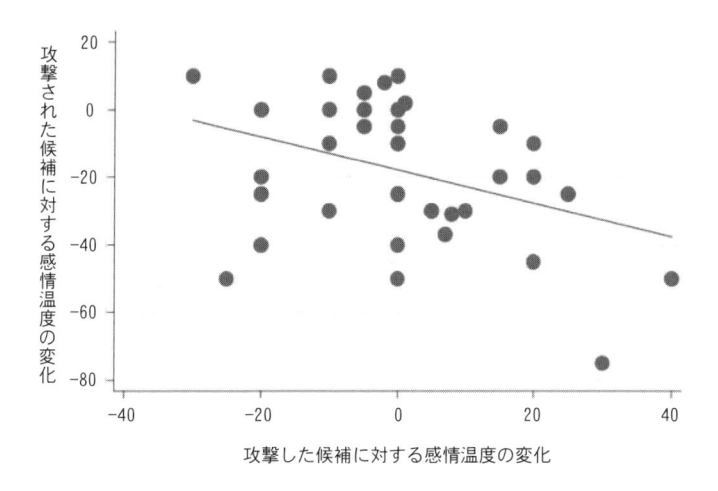

（縦軸：攻撃された候補に対する感情温度の変化、横軸：攻撃した候補に対する感情温度の変化）

　前章で述べたように，ネガティブ広告を見て攻撃されている候補者に対する感情温度が上がった人（6名）や変わらなかった人（5名）は，ネガティブ広告を見た後も広告で攻撃された候補者を変わらず選択しているが，これらの人々は対立候補に対する感情温度が下がる傾向にあり（図6-6），ネガティブ広告が逆効果となる「ブーメラン効果」が起こっていることが示唆されている。他方，ネガティブ広告で攻撃されている候補者に対する感情温度が下がった人は対立候補に対する温度が上がる傾向にあり，以上を反映して，ネガティブ広告で攻撃されている候補者に対する感情温度の変化と（ネガティブ広告を作成した）対立候補に対する感情温度の変化の間には，統計的に有意な相関がある（r=－0.37, p=0.018）。

　このように，ネガティブ広告後の選択の変化とネガティブ広告前後の感情温度の変化との間には密接な関わりがあることが示されているが，2回目のポジティブ広告後の選択の変化についても同様のことが言えるのであろうか。ネガティブ広告を見た後に選択した候補者に対する感情温度について，2回目のポジティブ広告前後の温度変化が図6-7に示されている。ネガティブ広告前後の場合（図6-5）のように明確ではないものの，温度が下がった人の方が選択が変わりやすくなっている。ネガティブ広告の場合と同様に選択変化を従属変数，選好変化を独立変数としてロジスティッ

図 6-7 2回目のポジティブ広告前後の支持候補に対する感情温度の変化

変化なし6名，変化あり1名

☐ 変化なし　■ 変化あり

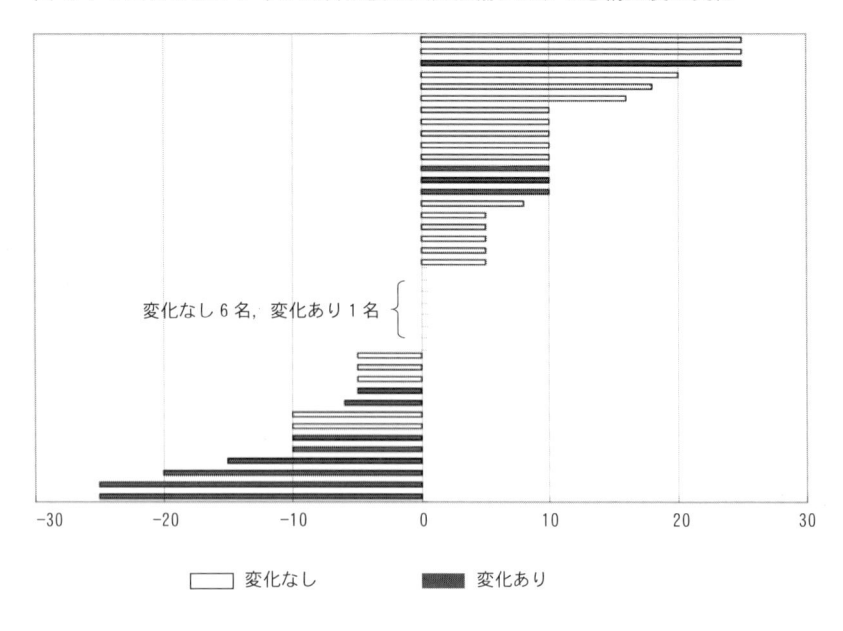

ク回帰分析を行ったところ，回帰係数が－.0785474（z=－2.28）で統計的に有意な関係が見られた（対数尤度＝－21.933937，Pseudo R^2 = 0.1304）。ポジティブ広告視聴後に選択が変化するオッズ（「変化する確率」の「変化しない確率」に対する比）について言い換えると，ポジティブ広告視聴後に温度が1度下がる毎にそのオッズは約1.08倍（約8%の増加）になる。よってここでも，心理過程を表現していると考えられる政治的選好（感情温度）の変化とその結果の行動である選択の変化との間に関連が示されている。

6.3.2. 選好変化と相対的選好による説明

以上のように候補者選択の変化と広告視聴前後の感情温度の変化には関連があり，感情温度の変化が候補者選択に影響している可能性が示されているが，その他に候補者選択の変化を説明しうる変数はないのだろうか。その可能性のある変数として，広告を見る前の両候補者に対する温度の差（相対的な選好）が考えられる。広告を見る前から一方の候補に対する選好

が他方に対する選好よりも非常に大きい場合には，好きな候補が攻撃される広告を見ても選好が変わらない可能性がある。そこで最初のポジティブ広告を見た後に選んだ候補に対する相対的選好（最初のポジティブ広告後に選択した候補に対する感情温度－最初のポジティブ広告後に選択しなかった候補に対する感情温度）を見ると（図6-8），やはり傾向として事前の相対的選好が大きいほどネガティブ広告を見た後に選択が変わっていないことが確認でき，ロジスティック回帰分析では，回帰係数が－.0526849（z=－2.12）で統計的に有意な関係が見られる（対数尤度＝－24.845102，Pseudo R^2 = 0.0974）。ネガティブ広告視聴後に選択が変化するオッズについて言い換えると，ネガティブ広告視聴前の支持候補者に対する相対的温度が1度上がる毎にそのオッズは約0.949倍（約5.1%の減少）になる。

それでは，先に見たネガティブ広告前後の選好（感情温度）の変化とこのネガティブ広告視聴前の相対的選好によって，ネガティブ広告視聴後の選択の変化はどれくらい説明されるのであろうか。これらの2つの変数を独立変数とするロジスティック回帰分析を行ったところ，対数尤度＝0，Pseudo R^2 = 1 となり，これら2つの変数で選択変化がほぼ説明されること

図6-8 最初のポジティブ広告後に選択した候補に対する相対的選好

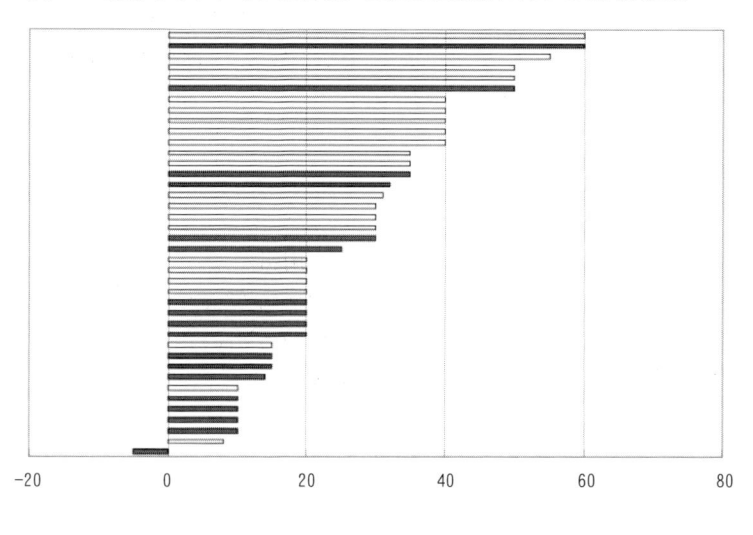

□ 変化なし　　■ 変化あり

が示された(これら2つの変数間には有意な相関はない)。回帰式は以下の通りである($\Pr(y=1|x_k)$はネガティブ広告視聴後に選択が変化する確率, x_1はネガティブ広告視聴前後の選好変化, x_2はネガティブ広告視聴前の相対的選好)。

$$\ln\left(\frac{\Pr(y=1|x_k)}{1-\Pr(y=1|x_k)}\right) = -20.20027 - 7.580229\, x_1 - 5.378778\, x_2$$

具体的な例で言い換えると、ネガティブ広告視聴前後で支持候補(攻撃された候補)に対する感情温度の変化がなく($x_1=0$)、両候補に対する選好に違いがない場合($x_2=0$)、ネガティブ広告視聴後に選択が変化するオッズは約0.0000000017とゼロに近いが、ネガティブ広告視聴前後で感情温度が1度下がる毎にそのオッズは約1959倍になり、感情温度が3度下がった場合、オッズは約12.7となる。またネガティブ広告視聴前の支持候補者に対する相対的温度が1度上がる毎にオッズは約0.0046倍になり、ネガティブ広告視聴後に感情温度が3度下がっても事前の相対的温度が1度高ければオッズは約0.06である。

以上のようにネガティブ広告視聴後の選択変化は、2つの変数によって説明が可能であったが、2回目のポジティブ広告視聴後の選択変化についてはどうであろうか。ネガティブ広告の場合と同様に、2回目のポジティブ広告を見る前(ネガティブ広告を見た後)の相対的選好を見たのが図6-9である。(ここでの「変化あり/なし」は、2回目のポジティブ広告を見た後の選択変化のあるなしである。)ここでも相対的選好が大きいほど選択が変わらないという傾向が見られ、ロジスティック回帰分析では、回帰係数が-.0783448($z=-2.62$)で統計的に有意な関係が見られる(対数尤度$=-19.973686$, Pseudo $R^2 = 0.2081$)。またポジティブ広告視聴後に選択が変化するオッズについて言い換えると、ポジティブ広告視聴前の支持候補者に対する相対的温度が1度上がる毎にそのオッズは約0.925倍(約7.5%の減少)になる。

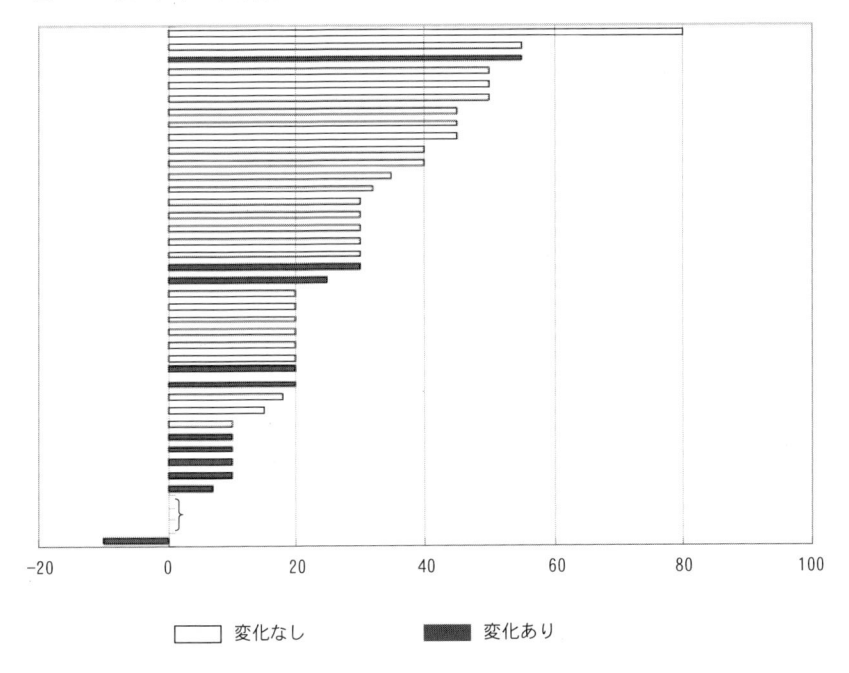

図 6-9 ネガティブ広告後に選択した候補に対する相対的選好

□ 変化なし　　■ 変化あり

　さらに同様に2回目のポジティブ広告視聴前後の選好変化と2回目のポジティブ広告を見る前の相対的選好の2つの変数を独立変数とし2回目のポジティブ広告後の選択変化の有無を従属変数とするロジスティック回帰分析を行ったところ，選好変化の回帰係数は-.2110334（z =-2.71），相対的選好の回帰係数は-.1644173（z =-2.89）で統計的に有意であった（対数尤度 =-12.113972, Pseudo R^2 = 0.5197, これら2つの独立変数間にも有意な相関はなかった）[59]。この場合も具体的な例で言い換えると，ポジティブ広告視聴前後で感情温度の変化がなく（$x_1 = 0$），両候補に対する選好に違

---

[59] 加えて2回目のポジティブ広告後の選択の変化と年齢との間に有意な関連が見られたため，年齢もロジスティック回帰式に投入してみたところ，年齢は有意ではなかった。今回の実験では年齢を20代に限定していること，年齢とネガティブ広告後の選択の変化の間には有意な関連が見出されなかったこと，などから年齢の関連性は低いと考えられる。

いがない場合（$x_2=0$），ポジティブ広告視聴後に選択が変化するオッズは約 22.59 である。ポジティブ広告視聴前後で感情温度が 1 度下がる毎にそのオッズは約 1.235 倍（約 23.5%増加）となり，ポジティブ広告視聴前の支持候補者に対する相対的温度が 1 度上がる毎にオッズは約 0.848 倍（約 15.2%減少）となる。

6.3.3. 分析のまとめと考察

　以上，選択変化や選好変化といった行動レベルのデータに基づく分析結果を見てきた。広告視聴後に選択が変化した人数が一番多かったのは，選挙のネガティブ広告を視聴した後であり，その際の変化グループと変化なしグループでの感情温度の変化の傾向は，明らかに異なっていた。特に変化グループの人々において，温度変化のパターンが非常に類似していることも示された。

　以上をふまえ，ネガティブ広告を視聴した後に候補者選択が変わったかどうかを従属変数として，回帰分析を行ったところ，ネガティブ広告を視聴した後の（攻撃された候補者に対する）選好の変化とネガティブ広告を視聴する前の（攻撃された候補者に対する）相対的選好によって，ほぼ説明されることが明らかになった。言い換えれば，ネガティブ広告を視聴することによって攻撃された候補者に対する感情温度が下がった人ほど，その候補者に対する支持をやめる傾向があり，攻撃された候補者に対する好意が攻撃した候補者に対する好意よりももともと強かったならば，ネガティブ広告を見ても支持が変わりにくい，ということが，今回の実験参加者に関しては，回帰式のパラメーターによって説明することが可能となった。他方，2 回目のポジティブ広告視聴後の選択変化については，その分散の 5 割近くが同様の選好変化と相対的選好により説明されるということが示された。

　ネガティブ広告の場合には，選好変化と相対的選好という 2 つの変数によってほぼ説明されたのに対し，2 回目のポジティブ広告の場合では 5 割程度にすぎなかったのはなぜであろうか。ここで留意しておきたいのは，2 回目のポジティブ広告を視聴した場合に比べて，ネガティブ広告を視聴した場合の方が，特にネガティブ広告によって選択が変化したグループにおいて，刺激（ネガティブ広告）とその効果（感情温度の低下）の関連がよ

り明白で選好変化のパターンが一様であったという点である。

　それに対して，2回目のポジティブ広告の場合には，候補者の選択が変わった人の中に，感情温度が上がった人もいれば下がった人もいたことが明らかになっている。よって，2回目のポジティブ広告を見て候補者選択が変化した場合については，その心理過程が人によって異なっていた可能性が（ネガティブ広告の場合よりも）大きいと考えられる。このように広告視聴の際の選好変化のパターンが実験参加者の間で異なる場合には，その広告の効果が参加者の間で同一であるとする均一性（homogeneity）の前提に疑問符が付くこととなる。その場合には，今回のように異なる心理過程が生じたと考えられる人をまとめて分析するのではなく，本章で行った分析のように個々のデータを精査した上で，温度変化のパターンごとにグループ分けをし，パターンごとに広告視聴の効果の過程を説明する変数を明らかにするという方法が考えられる。今回のデータでは，さらにグループ分けをするには人数が足りないこともあり，そのような分析を行うには至っていないが，本章の分析によってその必要性が明らかになっている。

6.3.4. 分析の含意

　他方，ネガティブ広告視聴後の支持選択の変化が，「広告視聴前後の選好変化」と「視聴前の相対的選好」によって説明されるという今回の行動分析の結果は，脳機能計測データ解析の結果と照らし合わせてどのように理解すべきであろうか。まず，感情温度はfMRI撮像後（つまり，全ての広告を視聴した後）に回答してもらっているため，選択の変化が選好変化や相対的選好で説明されるとした今回の行動分析の結果は，実は参加者が自身の選択を事後的に合理化し，それに合わせて感情温度を回答した結果をデータとして用いたからにすぎない，という可能性は考えておかなければならない。しかしながら，感情温度の質問は撮像後すぐに行われており，各セッションにおける広告視聴後の自身の感情温度を想起することは実験参加者にとってさほど難しいことではなかったと考えられ，実験参加者の回答による感情温度が行動指標として全く意味のないものであるとは考えにくい。また，「広告視聴前の相対的選好」という説明変数に関しては，それに対応する脳活動のデータを測定することが困難である。よって脳機能計測データと行動データとの対応という点では，「広告視聴前後の選好変

化」に焦点を絞って考えざるをえない。以上を考慮した上で，ここでは脳機能計測データ解析の結果をふまえて行動データ分析の結果をどのように考えるべきかを考察することとしたい。

　今回の脳機能計測データ解析では，感情温度に基づいて作成された行動指標と脳活動との間に相関が見られたことから，前章でも述べたように，感情温度が何を測定しているかについての探索的な仮説構築を試みることができる。従来の行動分析のみでは，感情温度が何を表現しているのか，その変化が支持変化の有無を説明したとしてもそれが何を意味しているのかについて，根拠をもって説明するのは難しかった。それに対し，今回の解析では，ネガティブ広告視聴による選好の変化と前頭前野での脳活動が関連していることが示された。よってネガティブ広告を視聴して感情温度が変化するという過程に認知コントロールが関わっている可能性が示されていると考えることができる。通常，「感情温度計」という名前からは，この指標が測定する対象として，情動を司る大脳辺縁系を中心とする脳部位の活動に由来する選好が想定されやすいであろう。しかしながら，今回の実験結果は，感情温度が上下する過程に認知コントロールが関わっているのではないか，という新たな仮説の提示につながっている。

　加えて，ネガティブ広告の視聴後に候補者選択が変化した人とそうでない人，もしくは候補者に対する選好が上がった人と下がった人で，広告視聴の際により活動していた部位が（前頭前野の内側と外側で）異なっていたことについては，どのように考えればよいであろうか。今回，行動レベルにおいて候補者に対する選好を測定するのに用いられたのは感情温度であった。感情温度の上昇と下降は同じ感情温度計の指標上でのプラス方向とマイナス方向への変化として定義される。このことから，1つの仮説として，感情温度を上下する機能をもつ脳内の部位を1カ所想定することが可能である。しかしながら，今回の実験結果においては，感情温度の上昇傾向と下降のそれぞれについて，前頭前野という領域は同じであっても，その中の異なる部位におけるより強い活動との相関が検出されている。このことから，感情温度の変化に表現されるような，他者に対する選好の度合いの変化に，前頭前野の複数の領域が関わっているという可能性も考えられよう。とは言え前章でも述べたように，この脳活動と行動指標との相関関係は，脳活動によって行動が起こる，というような因果関係を考える

場合の必要条件ではあるが,十分条件ではないことに留意する必要がある。
　以上に見たように,脳機能計測データ解析の結果は,観察された行動レベルの選択や選好といったデータの意味について考察する上で重要な解釈の基となる事実や判断材料を与えてくれるものであり,行動分析に対してこれまでにない角度から光を当て,その地平を広げてくれるものとして期待できる。

第 7 章　ニューロポリティクスの展望と課題

7.1. はじめに

　政治行動を理解するために脳神経科学の知見や方法を取り入れた研究は，まだ始まったばかりであるが，今後どのような展開が考えられ，望ましいのであろうか．本章では，今後のニューロポリティクス研究において取り上げるべき研究対象や考慮すべき倫理的問題について考察することとしたい．

　ニューロポリティクスの研究対象は政治行動であり，方法は脳神経科学の方法ということになるが，対象となる政治行動は，首相の意思決定のように現実的に困難なものも当然あるものの，投票行動や政治的コミュニケーションなど様々なものが考えられる．次節においては，現時点では困難でも今後の技術の発展により可能であるものを含め，様々な切り口からニューロポリティクスのトピックを挙げてみることとしたい．さらにニューロポリティクス研究の今後の展開にとって重要と考えられる行動遺伝学など関連分野の状況についても概観すると共に，政治学研究者が脳神経科学の方法を用いるために必要な共同研究とトレーニングについて言及する．

　またニューロポリティクスにとって倫理的配慮は非常に重要である．脳神経科学に関しても近年倫理的な議論が活発に行われている．第3節においては，ニューロポリティクスの倫理について考えるにあたり，まず脳神経科学研究に関わる倫理の問題について概観し，最後に大学など研究機関における倫理審査委員会のあり方を見ておくこととしたい．

7.2. 今後の展望と課題

7.2.1. ニューロポリティクスの問題関心

政治的態度／選好 　今後ニューロポリティクスにおいて更なる解明が望まれるものとしては，まず今回の実験においても取り上げた政治的態度／選好がある。政治的態度は他の「態度」と同様に何らかの評価であると考えられるが，今回の感情温度や政治的有効感，政治的関心，政治的信頼，態度の強度（Petty and Krosnick 1995）など，具体的には何を意味しているのか，脳内でどのように表現されているのかなど，明確にはわかっていない（Cunningham and Zelazo 2007; Gawronski 2007）。第3章第3節において態度の脳内表現のモデルに言及したが，実際のメカニズムについては今後の解明が待たれるところである。政治的態度／選好は経済的選好のように報酬系の脳部位の活動に左右されるのか，それとも他の部位が重要な役割を果たすのか，といった点も解明が望まれよう。

　政治的態度が脳内で実際にどのように情報処理されているのかが明らかになれば，政治的態度形成の過程や，前章でも言及した党派性，メディア等によるプライミングの影響のメカニズム，Converse (1964) の信念体系（態度の一貫性）の強弱の違いなど，より具体的には何が起こり，また何を意味しているのかが解明される可能性がある。加えて，第1章でも述べたように，従来の質問調査に対する自己申告の回答では，質問の順序によって回答が左右される質問効果など測定上の問題が指摘されている。それに対して，今後，脳内での情報処理過程の解明が進めば，脳機能測定と今回用いた感情温度計などのメトリックな指標とを組み合わせたりすることで，政治的態度の測定が改善される可能性が考えられる。

政治的意思決定 　政治学で取り上げる意思決定には，選挙における投票先の選択や政策決定過程などがあるが，脳神経科学においては意思決定一般や経済的意思決定をめぐる研究が近年行われている（Kable and Glimcher 2009; Sanfey 2007; Sugrue et al. 2005）。政治的意思決定が決定時の政治的態度に左右されることは言うまでもないが，様々に混在し相互に矛盾することもある複数の態度がどのように統合されて決定が行われるのかなど，政治的態度と同様に今後の解明が待たれるトピック

である。

　またこれまでにも度々言及してきたが近年，政治学の中でも意思決定における情動や感情の役割に注目する研究が増加している。情動や感情が取り上げられる際には，先行研究でも見たように認知的過程と対比されることが多く，第1章で言及した「二重過程論」のように情動や感情と自動的・規則的な処理，冷静な認知過程と意識的な処理を結びつけた議論も見られる。しかしながら，このような二元論については，脳神経科学はもとより心理学においても議論があり，今後メカニズムの解明と共に整理が必要である（Spezio and Adolphs 2007; Evans 2008）。よってこのような点に留意する必要はあるものの，客観的な測定の難しい情動の意思決定における役割を検証する上で，脳神経科学の方法は非常に有用であり，政治学にとっても新たな知見を与えてくれる可能性が高いと考えられる。

　と同時に，認知過程を司るとされる前頭前野が政治的意思決定においてどのような役割をどのように果たしているのかも，重要なテーマである。第1章で紹介したCunningham et al.（2004）は，他人種に対する偏見が前頭前野を中心とする活動によってコントロールされている可能性を指摘し，寛容性の解明に向けて一石を投じており，候補者認知に関するKaplan（2007）では，前頭前野が対立候補の認知をコントロールしている可能性を示している。人間において高度に発達している前頭前野は，民主主義が機能する上で重要な役割を担っていることが窺われ，さらなる実態解明が望まれよう。

　加えて，これまでの研究においては，有権者の意思決定や認知過程を検証する実験が多いが，第1章で言及したRosen（2005）が提案するように，政策決定過程状況をシミュレーションするなどしてリーダーの意思決定を検証する，といった実験も考えられる。

規範的価値観　　道徳的価値観や民主的価値観が政治行動に影響を与える事例は数多い。政治心理学においても，道徳心理学（moral psychology）[60]等に依拠しつつ，利他的な政治行動の研究が行われるなどし

60　道徳心理学は，脳科学や進化生物学等を含む学際的な分野であり，道徳的推論などを研究している（Sinnott‑Armstrong 2008）。

ている（Monroe 2009）。利他主義については，脳神経科学においても第1章第4節で見たように協力行動や利他的懲罰の際の脳活動などについて解明が進められており，利他的な政治行動の理解につながると考えられる。協力行動は公共選択を左右する要素でもあり，その背景となる心理的メカニズムは重要なテーマである。

また，自由や平等といった民主主義をめぐる価値観について，どのように認識されているのか，人によって認識が違うのは何故か，といった疑問に対し，これまでの研究は主に個々人に対する質問への回答を用いるほかなかったが，脳神経科学の手法を用いることで，そのような価値観の物理的基盤を探求できるようになっており，既に公平性（fairness）について，最後通牒（ultimatum）ゲームを用いた実験で不公平なオファーを出された場合に前部島皮質がより強く活動しオファーを拒絶している，といった報告がなされている（Sanfey et al. 2003）。

利他性や公平性などの社会的・民主的規範は，抽象度が高く複雑なため，その解明には理論的な整理を含め課題が多いが，そのような規範が各人においてどのように内面化されているのかが解明されるならば，将来的には，民主主義の深化への処方箋につながることも考えられる。

集団過程　また政治心理学は，集団間や集団内の過程も対象とする。現在のMRI装置では撮像できるのが一人に限られるため，複数人がコミュニケーションを行っている間の脳活動を同時に測定するには，複数のMRI装置をインターネットでつなぐハイパースキャニング（Hyper-scanning）という方法（Montague et al. 2002）が用いられる。この方法を実際に用いた研究の報告はまだ少数で，政治学においては皆無であり，現在の技術では，複数の人を介した政治的コミュニケーションのfMRI研究は困難であると考えられる。とは言え，将来的に，この方法が技術的に改良されるならば，複数人の相互作用過程の研究は増加すると考えられる。

政治学は，もともと政治コミュニケーションにおける相互作用も興味関心の対象としており，近年，グループでの政策討議などの集団的意思決定過程や紛争解決過程のシミュレーションの実証研究や実験が増加している。ニューロポリティクスもその延長線上に，将来的には集団過程も研究テーマとすることが考えられる。

7.2.2. 説明変数や視点の広がり

　以上のように，ニューロポリティクス研究の問題関心は，今後さらに広がっていくと考えられるが，近年の政治学においては動物行動学や生物学，行動遺伝学など脳神経科学以外の自然科学分野における知見を取り入れた研究も出てきており（McDermott and Monroe 2009），これらは脳内過程を理解する上でも非常に重要である。そこで，将来的な社会神経科学研究の展開に関わる分野としてここで見ておくこととしたい。

神経伝達物質　第 2 章において言及したように，神経伝達物質は神経細胞間で信号を伝える際に重要な役割を果たしており，現在では 100 を超える種類が確認されている（Gazzaniga et al. 2009）。この神経伝達物質のいくつかは社会的行動に大きな役割を果たしていると考えられている（Adolphs 2001; Panksepp 1998）。例えばオキシトシン（oxytocin）は，社会的記憶や愛着，性行動，母性行動，攻撃にとって重要であるとされ，近年はヒトに関して，信頼感を高めることで社交性を促進するといった報告がなされている（Lee et al. 2009; Zak 2008; Kosfeld et al. 2005）。セロトニン（serotonin）は，不安（anxiety）に関わる扁桃体の機能を左右すると考えられており，攻撃行動との関連も指摘されている（Lesch 2007）。またドーパミン（dopamine）は，報酬に関連する脳活動を左右するとされ，目的的行動の動機や選択行動にとって重要な役割を果たすと考えられている（Caldu and Dreher 2007）。

　以上のような社会行動に関連するとされる神経伝達物質が脳内でどのような役割を果たしているかはまだまだ不明な点が多いが，今後解明が進むにつれて，社会的意思決定の具体的な神経科学的メカニズムをより詳しく解明することが可能になると考えられる。

遺伝子　以上に見た神経伝達物質の作用は個々人によって異なっており，そのような個人差については遺伝子の違いからの解明も進んでいる（Hariri 2009）。もちろん脳の構造や機能の全てが遺伝子によって決定されるわけではなく，環境によっても左右されるが，パーソナリティや社会的態度について遺伝の影響が報告されており（Eaves et al. 1999），保守－リベラルといった態度については約 50% が遺伝によるものと推定されてい

る (Plomin 2008; Olson et al. 2001)。行動遺伝学 (behavior genetics) においては，ヒトの態度や行動への遺伝の影響を検証するために，養子の研究や双子の研究といった方法が用いられている。前者は養子となった子について養子先の両親との類似度を推定するなどし，後者では，一卵性双生児と二卵性双生児の比較が行われる (Plomin 2008)。

近年は，政治的態度 (Alford et al. 2005) や政党帰属意識 (party identification) の強度 (Hatemi et al. 2009)，政治参加 (Fowler et al. 2008)，協力行動 (Cesarini et al. 2008)，攻撃行動 (McDermott et al. 2009) といった政治学に関連の深い態度や行動について遺伝子の影響を明らかにしようとする研究が政治学者によって行われている (Alford and Hibbing 2008)。今後は遺伝子と脳の構造や機能が関係づけられ，それを通して政治的態度や行動の理解が深まると考えられる。

進化論的視点 さらに，現在我々の持つ脳の構造や機能がなぜ現状のようになっているのかを理解する上では，進化論的視点が必要になる。生物の長い歴史の中で特定の機能を発現しうる遺伝子が環境に適応し生き残った理由を探ることで，現在の世界に存在する生物の構造や行動がより深く理解できよう (Sidanius and Kurzban 2003)。

政治学においては，直接的な自己利益が小さいと考えられる利他的行為や自己破壊的な戦争など，期待効用による説明が難しい現象も扱われるが，(内集団での) 利他主義と外集団に対する敵対感情は，約7000年前にヒトの置かれていた環境下で生き残っていく上で有効であったと考えられている (Choi and Bowles 2007; McDermott 2009)。道徳的判断の神経的基盤を研究する Greene は，目の前で怪我のため血を流している人を助けるのは当然と考えるが貧困国の人々への寄付には消極的，といった人が多い理由の仮説として，以上のような利他主義と外集団に対する敵対感情についての進化論的視点に言及している (Greene 2003)。

社会的行動に関わることが多いとされる前頭前野がヒトにおいて特に発達していることを考えると，政治的態度や行動を司る脳の機能について考察する上で，進化論的視点は重要なヒントを与えてくれると考えられる。

7.2.3. 共同研究とトレーニング

　第2章で概観したように，脳神経科学の方法を用いるためには，脳の構造や機能に関する知識に加えて，fMRI などの測定に関する物理学や工学，生理学の知識，データ解析のための統計学の知識が必要であり，統計学以外は現在の日本の政治学教育においては通常カリキュラムに含まれていないものである。よって現状において最も現実的なニューロポリティクスの研究形態は，政治学者と脳神経科学者の共同研究であり，脳機能測定装置へのアクセスの面からも共同研究が必要とされる。今回の実験も神経科学者との共同で行われたものである。政治学者は脳神経科学者の専門知識を必要とする一方，脳活動の解釈において政治学理論の知識等を提供することができる。

　fMRI を用いた研究では，データ分析と結果の解釈に必要な専門知識は必ず持たなければならず，実験をデザインする上でも，MRI 測定に関する物理学や工学，生理学などの様々な知識は，あればある程よい。このように考えると，実験を行うこと自体ハードルが高いが，他方，技術的なサポートが十分あれば MRI に関する物理学・工学の知識は基本的なものでよく，血流関連の生理学的知識についても時間的な特徴を理解し新技術を見逃さないようにすれば十分で，実験を行うにあたって全ての専門家である必要はないのではないか，という指摘もある（Savoy 2005）。

　今後ニューロポリティクスの専門家となるためのトレーニングとしては，アメリカのカリフォルニア工科大学の Behavioral and Social Neuroscience という博士号プログラムのような脳神経科学，心理学，経済学，政治学にまたがる学際的なプログラムが望ましいであろう。その他にもアメリカの様々な大学・機関で認知科学や脳イメージングのサマープログラムや短期トレーニングプログラムが提供されており，日本では生理学研究所のトレーニングコースにおいて，「脳磁図によるヒト脳機能研究の基礎」や「ヒト脳機能マッピングにおけるデータ解析入門」が提供されている[61]。

61　2011年のコースについては，http://www.nips.ac.jp/training/2011/ （最終アクセス日：2011年5月31日）。

7.3. 神経倫理学と政治（学）

7.3.1. 神経倫理学

近年の脳神経科学の急速な発展を受け，今世紀に入って「（脳）神経倫理学（Neuroethics）」という1つの分野が提唱されるにいたっている（Illes 2006; 信原・原 2008）[62]。神経倫理学は従来の生命・医療倫理（biomedical ethics）と重なる部分が多く，被験者の福利の尊重，インフォームド・コンセント，倫理審査委員会，といった倫理規範を定めたヘルシンキ宣言はもちろんのこと，近年盛んに議論されたヒトゲノム解析をめぐる倫理の問題も脳神経科学に当てはまる部分が多いと考えられている（Roskies 2002; Green 2006）。とは言え，ゲノムよりもその発現した結果である脳の方が「自己」に近く，遺伝子操作よりも脳機能の操作の方が容易である，といった理由から特に脳神経科学に注目して倫理を考える必要性が唱えられている（Farah 2005）。

神経倫理学は相互に関連する様々なトピックからなるが，その内容は大きく2種類に分けられる（Roskies 2002）。1つ目は「神経科学の倫理（the ethics of neuroscience）」であり，主に脳神経科学研究を行う上での倫理的問題や研究結果の社会に対する影響の評価を扱う。2つ目は「倫理の神経科学（the neuroscience of ethics）」で，倫理的判断や倫理的価値観をめぐる脳内過程の解明とその倫理学へのフィードバックを目指すものである（Greene et al. 2001; Moll et al. 2005）。本節では，政治学において脳神経科学の方法を用いる上での倫理的問題を考察するための出発点として，前者の「神経科学の倫理」の主な論点を見ておくこととしたい。

前述のように神経倫理学を大きく2つに分類する Roskies（2002）は，「神経科学の倫理」をさらに2つに分類してそれぞれを「実施／実践の倫理（ethics of practice）」，「神経科学の倫理的影響（ethical implications of neuroscience）」と名付けている。「実施／実践の倫理」は従来の生命・医療倫理に最も近いが，インフォームド・コンセントについて神経変性疾患の場合にはどうするのか，というような脳神経科学に特有の問題も出てきている。なお，実験実施の際の倫理については，ニューロポリティクスにも直結す

---

[62] 日本での状況については，Fukushi et al. (2007)。

る問題であるので,次項でより詳しく見ることとしたい。「神経科学の倫理的影響」は,脳機能の機械論的な理解が進むことで社会にとってどのような影響があるかを明らかにしようとするもので,「倫理の神経科学」と同様に近年の脳神経科学の進展を受けての新しい取り組みと言える。脳神経科学の発展によって予想されているものとして,脳画像から「心」を読み取ろうとする「マインド・リーディング (mind reading)」や頭をよくする薬 (スマートドラッグ; smart drug) などの脳機能の増強 (enhancement) がある。

「マインド・リーディング」や「ブレイン・リーディング (brain reading)」に関しては,脳内で処理された視覚情報を正確に読み取ろうとする仕組みなどが近年報告されている (Kay and Gallant 2009)。このように脳内の過程が明らかになることで,後述するように障害のある機能を補助できるようになるといった期待ができる一方で,個々人の脳の情報が他者に知られることによって「究極のプライバシー」が脅かされるのではないか,といった虞も指摘されている (Haynes and Rees 2006; 染谷・小口 2008)。脳機能測定一般についてもある種の「マインド・リーディング」であると言えようが,現在の技術によって脳内過程をどれほど詳しく捉えることができているかは,タスクの種類によっても異なっている。例えば近年注目されている fMRI を用いた嘘発見 (Langleben et al. 2002; Langleben 2008) については,問題点が指摘され実際の応用に慎重な議論がある (Spence 2008; Sip et al. 2008)。他方,個人の嗜好に関して,第5章でも言及したブランド名を示して商品の評価が上がった際の脳活動を測定した研究 (McClure et al. 2004) などが「ニューロマーケティング (neuromarketing)」の発展と結びつけられている (Walter et al. 2005; Wilson et al. 2008)。またマインド／ブレイン・リーディングのような脳活動の測定だけでなく,個々人の脳の特徴から性格や疾患などの予測が可能となれば,遺伝子情報に関して憂慮されたのと同様に保険や人事などにおいて差別される,という虞も指摘されている (Farah 2007; Green 2006)。従来の質問調査における回答も個人情報であることには変わりはないが,質問調査では答えたくない場合に無回答といった選択が可能であるのに対し,脳活動の測定や遺伝子解析については測定そのものを拒否する以外にプライバシーを守ることが難しいという違いがある。

さらに，知覚は脳のどのような過程によって起こるのか，記憶はどのような神経伝達物質によって促進されているのか，といった脳におけるメカニズムが解明されることで，薬物投与による認知症治療やブレイン・コンピューター・インターフェイス（brain - computer interface）による感覚機能の補助など外部からの介入によって脳機能の低下を防ぐことができるようになると同時に，脳機能をさらに強化促進することも可能になってきている（de Jongh et al. 2008）。現実社会においても，もともと ADHD（注意欠陥・多動性障害）の症状緩和を目的としているリタリンに注意力増強の効果があると信じられ，アメリカのあるキャンパスにおける調査では学生の 16% が学業のためにリタリンなどを飲んでいると報告されたという（植原（2008）の参照する Farah et al. (2004)）[63]。また軍事目的の機能強化の試みも報告されている（Moreno 2006）。このような機能の増強については，人間に既に与えられている能力に感謝すべきであるとして反対する立場と人間はその創造性を発揮すべきとして容認する立場が見られる（Parens 2006）。容認派は利用できるものを利用するのは自由であるとするが，スマートドラッグなどを利用できるのは富裕層に限られるとして公平性の観点からの問題も指摘されている（植原 2008）。

　以上のように脳神経科学の進展によって新たな可能性が広がると同時に，その社会的影響に対する危惧が表明されているが，他方そのような危惧が杞憂となる可能性もまたあり，注意を要する。例えばマインド・リーディングによるプライバシーの侵害を防ぐには事前の対策が必要になろうが，読み取る対象によってはリーディングが不可能である場合もあるかもしれず，侵害が可能性にとどまる段階で規制をかけることで脳神経科学の進展によって恩恵を受ける可能性が閉ざされる虞もある。その一方で，効果が実証されていないのに知的能力増進のトレーニングが教育現場で用いられるというような強引な実用化や擬似科学的な言説の流布など，脳神経科学が悪用されやすい現状もあり，特に高次脳機能に関しては，観察された行動と相関の見られる脳部位の関係の解釈が難しく，誤った解釈が通り

---

[63] とは言え，リタリンがどのように脳に作用するかは不明な点もあり，副作用の問題もあるとされる（植原 2008）。

やすい状況にある[64]。脳神経科学の進展による社会的影響と必要な対策について考慮する場合には，以上のような複雑な状況を理解した上での慎重な対応が求められよう（信原 2008）。

7.3.2. ニューロポリティクスの倫理

　ニューロポリティクスにおいても社会調査における倫理が同様に当てはまることは言うまでもなく，その内容としては，自発的な参加，参加者を傷つけない，匿名性・機密性，実験参加者を騙す必要がある場合（deception）の注意，倫理審査委員会，分析とその報告の際の留意点，といった点が挙げられる（Babbie 2004, Chapter 3）。ニューロポリティクスにおいては fMRI などの脳機能測定装置を用いた実験が多く用いられるため，特に安全性についてきちんと説明した上で実験参加への承諾を確認し，実験が始まってからもいつでも参加を取りやめることができるようにしなければならない。個人情報に関しても，個人を特定できるデータは必要な期間に限って行動や脳のデータと切り離して保管し，最終的には廃棄する必要がある。また実験のタスクにやむをえず実際と異なる内容が含まれる場合には，実験後にきちんと説明（debriefing）を行い，参加者が傷つくことがないようにしなければならず，分析と報告に関しては，方法や分析結果の限界に留意した上で社会行動の解釈がきちんと行われなければならない（倫理審査委員会については，次項で改めて取り上げる）。

　また，ニューロポリティクスの社会的影響についても，十分な考慮が必要である。先に見たニューロマーケティングに対する危惧と共に，選挙の際にも有権者を操作するために脳神経科学が用いられるのではないかとの危惧が一部で表明されている（*Nature Neuroscience* 2004）。近年の政治におけるマーケティング手法の活用を見れば，そのような手法に脳神経科学も

64　2007 年 11 月 11 日付で掲載された有権者が政治家を見ているとき等の脳活動を紹介する *New York Times* の記事（http://www.nytimes.com/2007/11/11/opinion/11freedman.html）は，査読誌を通っていないということもあり，その解釈や報告の仕方等をめぐって，他の著名な脳科学者らが連名で反論を行う，という事態に発展することとなった（*New York Times*, 2007 年 11 月 14 日 http://query.nytimes.com/gst/fullpage.html?res=9907E1D91E3CF937A25752C1A9619C8B63；ウェブサイトの最終アクセス日はどちらも 2010 年 2 月 18 日）。

利用されるのではとの心配も十分理解できる (Lees - Marshment 2009)。今後，有権者の認知傾向に対応した選挙キャンペーンがますます強化されるとするならば，有権者の認知過程の脆弱性について有権者の注意を喚起しその対策を探るための研究も必要となるのではないだろうか。

　他方，ニューロポリティクス研究の倫理とはややかけ離れるが，政治に関連する脳神経科学の倫理として，脳神経科学の研究成果を政策に反映させる際の倫理がある (Racine et al. 2005)。アメリカのジョージア州では，クラシック音楽を聴くことと空間的推論の短期的な増強の関連が大人において示されたとの 1995 年の研究報告を受けて，1998 年に州議会が全ての新生児にクラシック音楽を配布することを決定し，その後他の州も追随したが，子供におけるそのような音楽の効果が研究されていなかっただけでなく，1995 年に報告された通称「モーツァルト効果」もその後ほとんど確認されていないという (DiPietro 2000; Illes et al. 2006)。また，脳神経科学研究の安全保障・軍事利用についても議論がある (Moreno 2006; Canli et al. 2007)。脳神経科学の知見を政策に反映させる際には，細心の注意が求められよう。

7.3.3. 倫理審査委員会について

　アメリカの連邦法は，連邦による研究支援を受けようとする機関全てに，ヒトを対象とする研究計画を審査する（施設内）倫理審査委員会 (Institutional Review Board; IRB) を設置して被験者の権利と利益を保障するよう義務付けており，多くの大学が連邦による支援の有無にかかわらず同様の措置をとっている (Bankert and Amdur 2002; Amdur 2003; Babbie 2004)。日本では，そのような通則的な法律がないため構成や運営方法等にばらつきが見られるといった指摘がある (Fukushi et al. 2007) [65]。

　一例として著者が 2009 年夏より留学したアメリカのイェール大学を取り上げてみると，医学大学院における研究を扱う 2 つの Human Investigation Committees，看護学の大学院における研究を扱う Human Subjects

---

[65] http://www.mext.go.jp/b_menu/shingi/gijyutu/gijyutu1/siryo/021002j.pdf （最終アクセス日 2010 年 1 月 31 日）。治験実施機関に関しては，治験審査委員会の設置が省令により定められている。

Research Review Committee，それ以外の大学院と教養学部における研究を扱う Human Subjects Committee の4つの IRB があり，イェール大学に関連のある研究者がヒトを対象とする研究を行う場合には審査を行うことになっている[66]。

政治学研究も扱う Human Subjects Committee（HSC）についてより詳しく見ていくと[67]，IRB は少なくとも5人の分野の異なるメンバーから構成されるよう求められていることから，主な学部からの代表者，法律家，大学本部からの代表者，地元校からの代表者など学外者，といったメンバーで構成されている。申請者は，(1)研究計画の手続きと方法，(2)インフォームド・コンセントの手続き，(3)該当する場合は助成申請書，(4)あれば参加者募集広告，(5)（学部生が研究を補助する場合）倫理教育受講証明書，を提出し，IRB は連邦規則集45巻46条に定められている基準に沿って，申請された計画が被験者の権利を侵害していないかどうか審査を行う。

前述のように，日本においてはヒトを対象とする研究計画の倫理審査に関する通則的な法律がないこともあって運営方法等にばらつきが見られ，社会科学研究に関する審査についてはさらにその傾向があるが，東京大学において2009年に「ライフサイエンス研究倫理支援室」[68]が設置されるなど，近年，全学での整備が進み始めている。実験の方法が，特定の自然科学分野のみならず，社会科学や人文科学の分野まで学際的な広がりを見せている現在においては，日本の大学においても，このような倫理審査が全学的に行われるようにすることが望ましいであろう。

---

66 http://irb.yale.edu/understanding.html（最終アクセス日2010年1月31日）。
67 http://www.yale.edu/hsc/（最終アクセス日2010年1月31日）。
68 東京大学ライフサイエンス研究倫理支援室のウェブサイトは，http://www.u-tokyo.ac.jp/ja/administration/lifescience/（最終アクセス日2011年7月25日）。

おわりに

　以上，政治行動を脳神経科学の方法を用いて研究するニューロポリティクスという新しい取り組みについて，今回著者らが行った実験研究を紹介しつつ，その有効性について検討し，今後の可能性と課題について考察を行った。

　政治学においては，既に政治心理学や実験政治学といった下位分野が確立しており，実験を用いて心理過程を明らかにする研究が蓄積されている。脳神経科学の方法を用いるというアプローチをその延長上に位置付ければ，その方法は決して現実的に応用不可能なものではなく，政治行動の理解に資する可能性を持つことは明らかであろう。

　従来の政治心理学においては実際の心理過程がブラック・ボックスであったことを考えると，近年の脳神経科学の進展によって心理的アプローチは大きな飛躍の時を迎えている。社会神経科学研究において主に用いられている脳機能マッピングは，まだ課題も多く慎重な解釈が求められるが，脳神経科学や周辺分野の方法は今後もさらに開発が進み，分析の可能性も広がっていくことが予想される。

　他方，脳神経科学の方法が発展すればするほど，その社会的影響も大きくなることが予想され，特に政治に関しては，態度や意思決定が操作の対象になるのではないか，といった危惧が付きまとう。ニューロポリティクスには他の分野に増して倫理面への十分な配慮が求められ，実験においても，安全面やプライバシーなどに極力注意する必要がある。

　今回の実験結果が，既存のネガティブ・キャンペーン研究の感情中心の捉え方に対して認知処理の可能性という新たな視点を示したように，脳神経科学の方法を用いた心理過程の研究は，従来の理論と実際の脳内過程との乖離の発見などを通じて，より精緻な理論の構築に貢献することができると考えられる。政治行動を左右する心理的過程には，未だブラック・ボックスのまま明らかにされていない部分が多く，今後の政治学において，脳神経科学の方法を用いることには大きな有効性と可能性があると言える。

引用文献

Adolphs, R. 2001. "The Neurobiology of Social Cognition." *Current Opinion in Neurobiology* 11 (2): 231 - 9.

Alford, J. R., C. L. Funk, and J. R. Hibbing. 2005. "Are Political Orientations Genetically Transmitted?" *American Political Science Review* 99 (2): 153 - 67.

Alford, J. R., and J. R. Hibbing. 2008. "The New Empirical Biopolitics." *Annual Review of Political Science* 11: 183 - 203.

Alvarez, R. Michael. 1997. *Information and Elections*. Ann Arbor: University of Michigan Press.

甘利俊一. 2008.『神経回路網モデルとコネクショニズム』東京大学出版会.

Ambinder, M. 2006. "A Nation of Free Agents." *The Washington Post*. Sept. 3 2006. http://www.washingtonpost.com/wp - dyn/content/article/2006/09/01/AR2006090101403. (最終アクセス日：2011 年 1 月 4 日).

Amdur, Robert J. 2003. *Institutional Review Board Member Handbook*. Boston: Jones and Bartlett.

Amodio, D. M., and C. D. Frith. 2006. "Meeting of Minds: The Medial Frontal Cortex and Social Cognition." *Nature Reviews Neuroscience* 7 (4): 268 - 77.

Amodio, D. M., J. T. Jost, S. L. Master, and C. M. Yee. 2007. "Neurocognitive Correlates of Liberalism and Conservatism." *Nature Neuroscience* 10 (10): 1246 - 7.

Anderson, P. W. 1972. "More Is Different - Broken Symmetry and Nature of Hierarchical Structure of Science." *Science* 177 (4047): 393 - 6.

安藤清志. 1995.「態度と態度変化」安藤清志・大坊郁夫・池田謙一.『社会心理学』岩波書店.

Ansolabehere, Stephen, and Shanto Iyengar. 1995. *Going Negative: How Attack Ads Shrink and Polarize the Electorate*. New York: Free Press.

アリストテレス. 戸塚七郎訳. 1992.『弁論術』岩波書店.
Babbie, Earl R. 1983. "Experiments." *The Practice of Social Research*. 3rd ed. Belmont: Wadsworth Pub. Co.
Babbie, Earl R. 2004. *The Practice of Social Research*. 10th ed. Belmont: Thomson / Wadsworth.
Bankert, Elizabeth A., and Robert J. Amdur. 2002. *Institutional Review Board: Management and Function*. Boston: Jones and Bartlett Publishers.
ベアー, M. F., B. W. コノーズ, M. A. パラディーソ. 加藤宏司・後藤薫・藤井聡・山崎良彦監訳. 2007.『神経科学—脳の探求—カラー版』西村書店.
Behrens, T. E. J., L. T. Hunt, M. W. Woolrich, and M. F. S. Rushworth. 2008. "Associative Learning of Social Value." *Nature* 456 (7219): 245-9.
Bohner, Gerd, Hans-Peter Erb, and Frank Siebler. 2008. "Information Processing Approaches to Persuasion: Integrating Assumptions from the Dual- and Single-Processing Perspectives." *Attitudes and Attitude Change*, eds. William D. Crano and Radmila Prislin. New York: Psychology Press.
Bohner, Gerd, and Norbert Schwarz. 2001. "Attitudes, Persuasion, and Behavior." *Blackwell Handbook of Social Psychology: Intraindividual Processes*, eds. Abraham Tesser and Norbert Schwarz. Malden: Blackwell Publishers.
Brader, T. 2005. "Striking a Responsive Chord: How Political Ads Motivate and Persuade Voters by Appealing to Emotions." *American Journal of Political Science* 49 (2): 388-405.
Brehm, Jack Williams. 1966. *A Theory of Psychological Reactance*. New York: Academic Press.
Brehm, Sharon S., and Jack Williams Brehm. 1981. *Psychological Reactance: A Theory of Freedom and Control*. New York: Academic Press.
Brett, M., I. S. Johnsrude, and A. M. Owen. 2002. "The Problem of Functional Localization in the Human Brain." *Nature Reviews Neuroscience* 3 (3): 243-9.
Brooks, D. J. 2006. "The Resilient Voter: Moving toward Closure in the De-

bate over Negative Campaigning and Turnout." *Journal of Politics* 68 (3): 684 - 96.

Brooks, D. J., and J. G. Geer. 2007. "Beyond Negativity: The Effects of Incivility on the Electorate." *American Journal of Political Science* 51 (1): 1 - 16.

ブルノー , フランク J. 安田一郎訳 . 1996. 『実例心理学事典』青土社 .

Cacioppo, John T. 2002. *Foundations in Social Neuroscience*. Cambridge: MIT Press.

Cacioppo, J. T., G. G. Berntson, T. S. Lorig, C. J. Norris, E. Rickett, and H. Nusbaum. 2003. "Just Because You're Imaging the Brain Doesn't Mean You Can Stop Using Your Head: A Primer and Set of First Principles." *Journal of Personality and Social Psychology* 85 (4): 650 - 61.

Cairns, E., J. Kenworthy, A. Campbell, and M. Hewstone. 2006. "The Role of in - Group Identification, Religious Group Membership and Intergroup Conflict in Moderating in - Group and out - Group Affect." *British Journal of Social Psychology* 45: 701 - 16.

Caldu, X., and J. C. Dreher. 2007. "Hormonal and Genetic Influences on Processing Reward and Social Information." *Social Cognitive Neuroscience of Organizations* 1118: 43 - 73.

Camerer, C. F. 2008a. "Behavioural Game Theory." *The New Palgrave Dictionary of Economics*, eds. S. N. Durlauf and L. E. Blume. 2nd ed. Vol. 1. New York: Palgrave Macmillan.

Camerer, C. F. 2008b. "The Potential of Neuroeconomics." *Economics and Philosophy* 24 (3): 369 - 79.

Cameron, K. A. 2009. "A Practitioner's Guide to Persuasion: An Overview of 15 Selected Persuasion Theories, Models and Frameworks." *Patient Education and Counseling* 74 (3): 309 - 17.

Campbell, Angus, Philip E. Converse, Warren E. Miller, and Donald E. Stokes. 1960. *The American Voter*. New York: Wiley.

Canessa, N., A. Gorini, S. F. Cappa, M. Piattelli - Palmarini, M. Danna, F. Fazio, and D. Perani. 2005. "The Effect of Social Content on Deductive Reasoning: An fMRI Study." *Human Brain Mapping* 26 (1): 30 - 43.

Canli, T., S. Brandon, W. Casebeer, P. J. Crowley, D. DuRousseau, H. T. Greely, and A. Pascual - Leone. 2007. "Neuroethics and National Security." *American Journal of Bioethics* 7 (5): 3 - 13.

Carpenter, J. 2008. "Social Preferences." *The New Palgrave Dictionary of Economics*, eds. S. N. Durlauf and L. E. Blume. 2nd ed. Vol. 7. New York: Palgrave Macmillan.

Cesarini, D., C. T. Dawes, J. H. Fowler, M. Johannesson, P. Lichtenstein, and B. Wallace. 2008. "Heritability of Cooperative Behavior in the Trust Game." *Proceedings of the National Academy of Sciences of the United States of America* 105 (10): 3721 - 6.

Chaiken, S. 1980. "Heuristic Versus Systematic Information - Processing and the Use of Source Versus Message Cues in Persuasion." *Journal of Personality and Social Psychology* 39 (5): 752 - 66.

Chaiken, Shelly, and Yaacov Trope. 1999. *Dual - Process Theories in Social Psychology*. New York: Guilford Press.

Chau, W., and A. R. McIntosh. 2005. "The Talairach Coordinate of a Point in the MNI Space: How to Interpret It." *Neuroimage* 25 (2): 408 - 16.

Chen, Serena, and Shelly Chaiken. 1999. "The Heuristic - Systematic Model in Its Broader Context." *Dual - Process Theories in Social Psychology*, eds. Shelly Chaiken and Yaacov Trope. New York: Guilford Press.

Choi, J. K., and S. Bowles. 2007. "The Coevolution of Parochial Altruism and War." *Science* 318 (5850): 636 - 40.

Conrey, F. R., and E. R. Smith. 2007. "Attitude Representation: Attitudes as Patterns in a Distributed, Connectionist Representational System." *Social Cognition* 25 (5): 718 - 35.

Converse, Philip. 1964. "The Nature of Belief Systems in Mass Publics." *Ideology and Discontent*, ed. David Ernest Apter. London: Free Press of Glencoe.

Converse, Philip. 1970. "Attitudes and Non - Attitudes: Continuation of a Dialogue." *The Quantitative Analysis of Social Problems*, ed. Edward R. Tufte. Reading: Addison - Wesley Pub. Co.

Cowden, J. A., and R. M. McDermott. 2000. "Short - Term Forces and Partisanship." *Political Behavior* 22 (3): 197 - 222.

Culham, Jody C. 2006. "Functional Neuroimaging: Experimental Design and Analysis." In *Handbook of Functional Neuroimaging of Cognition*, eds. Roberto Cabeza and Alan Kingstone. 2nd ed. Cambridge: MIT Press.

Cunningham, W. A., M. K. Johnson, C. L. Raye, J. C. Gatenby, J. C. Gore, and M. R. Banaji. 2004. "Separable Neural Components in the Processing of Black and White Faces." *Psychological Science* 15 (12): 806-13.

Cunningham, W. A., and P. D. Zelazo. 2007. "Attitudes and Evaluations: A Social Cognitive Neuroscience Perspective." *Trends in Cognitive Sciences* 11 (3): 97-104.

Damasio, Antonio R. 1994. *Descartes' Error: Emotion, Reason, and the Human Brain*. New York: Putnam. アントニオ・R・ダマシオ (田中三彦訳)2000.『生存する脳 : 心と脳と身体の神秘』講談社 .

de Greck, M., M. Rotte, R. Paus, D. Moritz, R. Thiemann, U. Proesch, U. Bruer, S. Moerth, C. Tempelmann, B. Bogerts, and G. Northoff. 2008. "Is Our Self Based on Reward? Self-Relatedness Recruits Neural Activity in the Reward System." *Neuroimage* 39 (4): 2066-75.

de Jongh, R., I. Bolt, M. Schermer, and B. Olivier. 2008. "Botox for the Brain: Enhancement of Cognition, Mood and Pro-Social Behavior and Blunting of Unwanted Memories." *Neuroscience and Biobehavioral Reviews* 32 (4): 760-76.

de Quervain, D. J. F., U. Fischbacher, V. Treyer, M. Schelthammer, U. Schnyder, A. Buck, and E. Fehr. 2004. "The Neural Basis of Altruistic Punishment." *Science* 305 (5688): 1254-8.

Deppe, M., W. Schwindt, J. Kramer, H. Kugel, H. Plassmann, P. Kenning, and E. B. Ringelstein. 2005a. "Evidence for a Neural Correlate of a Framing Effect: Bias-Specific Activity in the Ventromedial Prefrontal Cortex during Credibility Judgments." *Brain Research Bulletin* 67 (5): 413-21.

Deppe, M., W. Schwindt, H. Kugel, H. Plassmann, and P. Kenning. 2005b. "Nonlinear Responses within the Medial Prefrontal Cortex Reveal When Specific Implicit Information Influences Economic Decision Making." *Journal of Neuroimaging* 15 (2): 171-82.

Derrfuss, J., M. Brass, and D. Y. von Cramon. 2004. "Cognitive Control in the

Posterior Frontolateral Cortex: Evidence from Common Activations in Task Coordination, Interference Control, and Working Memory." *Neuroimage* 23 (2): 604-12.

Dillard, James Price, and Michael Pfau. 2002. *The Persuasion Handbook: Developments in Theory and Practice.* Thousand Oaks: Sage Publications.

DiPietro, J. A. 2000. "Baby and the Brain: Advances in Child Development." *Annual Review of Public Health* 21: 455-71.

Druckman, J. N., D. P. Green, J. H. Kuklinski, and A. Lupia. 2006. "The Growth and Development of Experimental Research in Political Science." *American Political Science Review* 100 (4): 627-35.

Druckman, J. N., and K. R. Nelson. 2003. "Framing and Deliberation: How Citizens' Conversations Limit Elite Influence." *American Journal of Political Science* 47 (4): 729-45.

Duncan, J., and A. M. Owen. 2000. "Common Regions of the Human Frontal Lobe Recruited by Diverse Cognitive Demands." *Trends in Neurosciences* 23 (10): 475-83.

Eagly, Alice H., and Shelly Chaiken. 1995. "Attitude Strength, Attitude Structure, and Resistance to Change." *Attitude Strength: Antecedents and Consequences*, eds. Richard E. Petty and Jon A. Krosnick. Mahwah: Lawrence Erlbaum Associates.

Eaves, L. J., A. C. Heath, N. G. Martin, H. Maes, M. Neale, and K. Kendler, et al. 1999. "Comparing the Biological and Cultural Inheritance of Personality and Social Attitudes in the Virginia 30,000 Study of Twins and Their Relatives." *Twin Research* 2: 62-80.

Eberhardt, J. L. 2005. "Imaging Race." *American Psychologist* 60 (2): 181-90.

Evans, J. S. B. T. 2008. "Dual-Processing Accounts of Reasoning, Judgment, and Social Cognition." *Annual Review of Psychology* 59: 255-78.

Falcone, Michael. 2008. "McCain Campaign Puts up First Negative Ad." *New York Times*, July 18. 2008. http://thecaucus.blogs.nytimes.com/2008/07/18/mccain-campaign-puts-up-first-negative-ad/ (最終アクセス日：2010年2月22日).

Farah, M. J. 2005. "Neuroethics: The Practical and the Philosophical." *Trends in Cognitive Sciences* 9 (1): 34 - 40.

Farah, M. J. 2007. "Social, Legal, and Ethical Implications of Cognitive Neuroscience: "Neuroethics" for Short." *Journal of Cognitive Neuroscience* 19 (3): 363 - 4.

Farah, M. J., J. Illes, R. Cook - Deegan, H. Gardner, E. Kandel, P. King, E. Parens, B. Sahakian, and P. R. Wolpe. 2004. "Neurocognitive Enhancement: What Can We Do and What Should We Do?" *Nature Reviews Neuroscience* 5 (5): 421 - 5.

Farnam, T.W. and Eggen D. 2010. "Interest - group spending for midterm up fivefold from 2006; many sources secret." *Washington Post. October* 4, 2010. http://www.washingtonpost.com/wp - dyn/content/article/2010/10/03/AR2010100303664.html (最終アクセス日：2011 年 1 月 4 日).

Fazio, Russell H., and Richard E. Petty. 2008. *Attitudes: Their Structures, Function, and Consequences*. New York: Psychology Press.

Fehr, E., and C. F. Camerer. 2007. "Social Neuroeconomics: The Neural Circuitry of Social Preferences." *Trends in Cognitive Sciences* 11 (10): 419 - 27.

Fehr, E., and U. Fischbacher. 2003. "The Nature of Human Altruism." *Nature* 425 (6960): 785 - 91.

Ferejohn, John A., and James H. Kuklinski. 1990. *Information and Democratic Processes*. Urbana: University of Illinois Press.

Festinger, Leon. 1957. *A Theory of Cognitive Dissonance*. Evanston, Ill.: Row.

Finkel, S. E., and J. G. Geer. 1998. "A Spot Check: Casting Doubt on the Demobilizing Effect of Attack Advertising." *American Journal of Political Science* 42 (2): 573 - 95.

Fiorina, M. P., and C. R. Plott. 1978. "Committee Decisions under Majority- Rule - Experimental - Study." *American Political Science Review* 72 (2): 575 - 98.

Fowler, J. H., L. A. Baker, and C. T. Dawes. 2008. "Genetic Variation in Political Participation." *American Political Science Review* 102 (2): 233 - 48.

Frackowiak, Richard S. J., Karl J. Friston, Christopher D. Frith, Raymond J. Dolan, Cathy J. Price, Semir Zeki, John Ashburner, and William Penny. 2004. *Human Brain Function*. 2nd ed. Boston: Elsevier Academic Press.

深田博己編. 2002.『説得心理学ハンドブック：説得コミュニケーション研究の最前線』北大路書房.

Fukushi, T., O. Sakura, and H. Koizumi. 2007. "Ethical Considerations of Neuroscience Research: The Perspectives on Neuroethics in Japan." *Neuroscience Research* 57 (1): 10-6.

Garramone, G. M. 1984. "Voter Responses to Negative Political Ads." *Journalism Quarterly* 61 (2): 250-9.

Gawronski, B. 2007. "Attitudes Can Be Measured! But What Is an Attitude?" *Social Cognition* 25 (5): 573-81.

Gazzaniga, Michael S., Richard B. Ivry, and G. R. Mangun. 2009. *Cognitive Neuroscience: The Biology of the Mind*. 3rd ed. New York: W.W. Norton.

Geer, John Gray. 2006. *In Defense of Negativity: Attack Ads in Presidential Campaigns*. Chicago: University of Chicago Press.

Gerber, A. S., and D. P. Green. 2000. "The Effects of Canvassing, Telephone Calls, and Direct Mail on Voter Turnout: A Field Experiment." *American Political Science Review* 94 (3): 653-63.

Gerber, Alan S., and Donald P. Green. 2008. "Field Experiments and Natural Experiments." *The Oxford Handbook of Political Methodology*, eds. Janet M. Box-Steffensmeier, Henry E. Brady and David Collier. Oxford: Oxford University Press.

Gerring, J., and R. McDermott. 2007. "An Experimental Template for Case Study Research." *American Journal of Political Science* 51 (3): 688-701.

Geva, N., J. Mayhar, and J. M. Skorick. 2000. "The Cognitive Calculus of Foreign Policy Decision Making-an Experimental Assessment." *Journal of Conflict Resolution* 44 (4): 447-71.

Glimcher, Paul W., Colin F. Camerer, Ernst Fehr, and Russell A. Poldrack. 2009. *Neuroeconomics: Decision Making and the Brain*. San Diego: Academic Press.

Goel, V. 2007. "Anatomy of Deductive Reasoning." *Trends in Cognitive Sciences* 11 (10): 435-41.

Goel, V., and R. J. Dolan. 2004. "Differential Involvement of Left Prefrontal Cortex in Inductive and Deductive Reasoning." *Cognition* 93 (3): B109-21.

Goldstein, K., and P. Freedman. 2002. "Campaign Advertising and Voter Turnout: New Evidence for a Stimulation Effect." *Journal of Politics* 64 (3): 721-40.

Gosnell, Harold Foote. 1927. *Getting out the Vote: An Experiment in the Stimulation of Voting*. Chicago: The University of Chicago Press.

Graber, Doris A. 2007. *Media Power in Politics*. 5th ed: CQ Press.

Green, Donald P., and Alan S. Gerber. 2002. "Reclaiming the Experimental Tradition in Political Science." *Political Science: State of the Discipline*, eds. Ira Katznelson and Helen V. Milner: W.W. Norton; American Political Science Assn.

Green, Ronald M. 2006. "From Genome to Brainome: Charting the Lessons Learned." *Neuroethics: Defining the Issues in Theory, Practice, and Policy*, ed. Judy Illes. Oxford: Oxford University Press.

Greene, J. 2003. "From Neural 'Is' to Moral 'Ought': What Are the Moral Implications of Neuroscientific Moral Psychology?" *Nature Reviews Neuroscience* 4 (10): 846-9.

Greene, J. D., R. B. Sommerville, L. E. Nystrom, J. M. Darley, and J. D. Cohen. 2001. "An fMRI Investigation of Emotional Engagement in Moral Judgment." *Science* 293 (5537): 2105-8.

Greenwald, A. G., D. E. McGhee, and J. L. K. Schwartz. 1998. "Measuring Individual Differences in Implicit Cognition: The Implicit Association Test." *Journal of Personality and Social Psychology* 74 (6): 1464-80.

Guarnaschelli, S., R. D. McKelvey, and T. R. Palfrey. 2000. "An Experimental Study of Jury Decision Rules." *American Political Science Review* 94 (2): 407-23.

Hariri, A. R. 2009. "The Neurobiology of Individual Differences in Complex Behavioral Traits." *Annual Review of Neuroscience* 32: 225-47.

Harris, L. T., S. M. McClure, W. van den Bos, J. D. Cohen, and S. T. Fiske. 2007. "Regions of the Mpfc Differentially Tuned to Social and Nonsocial Affective Evaluation." *Cognitive Affective & Behavioral Neuroscience* 7 (4): 309-16.

春野雅彦・田中沙織・川人光男. 2009.「政治的, 経済的決定における報酬

系の役割」『レヴァイアサン』44 (春): 7-21.

Hashemi, R. H., W. G. Bradley, Jr., C. J. Lisanti. 荒木力 監訳. 2006.『MRIの基本：パワーテキスト　第2版　基礎理論から最新撮像法まで』メディカル・サイエンス・インターナショナル.

Hatemi, P. K., J. R. Alford, J. R. Hibbing, N. G. Martin, and L. J. Eaves. 2009. "Is There A "Party " In Your Genes?" *Political Research Quarterly* 62 (3): 584-600.

Haynes, J. D., and G. Rees. 2006. "Decoding Mental States from Brain Activity in Humans." *Nature Reviews Neuroscience* 7 (7): 523-34.

Heeger, D. J., and D. Ress. 2002. "What Does fMRI Tell Us about Neuronal Activity?" *Nature Reviews Neuroscience* 3 (2): 142-51.

Heider, Fritz. 1958. *The Psychology of Interpersonal Relations.* New York: Wiley.

Hitchon, J. C., C. C. Chang, and R. Harris. 1997. "Should Women Emote? Perceptual Bias and Opinion Change in Response to Political Ads for Candidates of Different Genders." *Political Communication* 14 (1): 49-69.

堀内勇作・今井耕介・谷口尚子. 2005.「政策情報と投票参加――フィールド実験によるアプローチ」『年報政治学』1: 161-80.

堀江湛. 1980.「政治心理学の性格と系譜」堀江湛・富田信男・上條末夫編『政治心理学』北樹出版.

星浩・逢坂巌. 2006.『テレビ政治：国会報道からTVタックルまで』朝日新聞社.

Houghton, David Patrick. 2009. *Political Psychology: Situations, Individuals, and Cases.* New York: Routledge.

Hovland, Carl Iver, Irving L. Janis, and Harold H. Kelley. 1953. *Communication and Persuasion: Psychological Studies of Opinion Change.* New Haven: Yale University Press. 辻正三・今井省吾訳 1960.『コミュニケーションと説得』誠信書房.

Huckfeldt, R. Robert, and John D. Sprague. 1995. *Citizens, Politics, and Social Communication: Information and Influence in an Election Campaign.* Cambridge: Cambridge University Press.

Huettel, Scott A., Allen W. Song, and Gregory McCarthy. 2009. *Functional Magnetic Resonance Imaging.* 2nd ed. Sunderland: Sinauer Associates.

Ide, Hiroko, Junko Kato, Ikuo Kabashima, Hiroshi Kadota, and Kenji Kansaku. 2008. "How Does the Electoral Campaign Affect the Choice of Voters?: fMRI Experiment Using the 1992 US Presidential Campaign Video." Presented at the Annual Meeting of the American Political Science Association, Boston, USA, Aug. 2008.

飯島敏夫・高橋俊光・肖端亭・神作憲司・河野憲二・高橋一郎. 2000.「fMRIの基礎と活用上の注意点」『認知神経科学』2 (2): 112-7.

池田謙一. 2007.『政治のリアリティと社会心理』木鐸社.

池田謙一. 2010.「マスメディアとインターネット」池田謙一・唐沢穰・工藤恵理子・村本由紀子『社会心理学』有斐閣.

池上知子. 1998.「態度」池上知子・遠藤由美編『グラフィック社会心理学』サイエンス社.

池上知子・遠藤由美編. 1998.『グラフィック社会心理学』サイエンス社.

Illes, J., M. P. Kirschen, and J. D. E. Gabrieli. 2003. "From Neuroimaging to Neuroethics." *Nature Neuroscience* 6 (3): 205.

Illes, Judy. 2006. *Neuroethics: Defining the Issues in Theory, Practice, and Policy*. Oxford: Oxford University Press.

Illes, Judy, Eric Racine, and Matthew P. Kirschen. 2006. "A Picture Is Worth 1000 Words, but Which 1000?" *Neuroethics: Defining the Issues in Theory, Practice, and Policy*, ed. Judy Illes. Oxford: Oxford University Press.

今井芳昭. 2006.『依頼と説得の心理学:人は他者にどう影響を与えるか』サイエンス社.

Iyengar, Shanto, and Donald R. Kinder. 1987. *News That Matters: Television and American Opinion*. Chicago: University of Chicago Press.

Jamieson, Kathleen Hall. 1992. *Dirty Politics: Deception, Distraction, and Democracy*. New York: Oxford University Press.

Jezzard, Peter, Paul M. Matthews, and Stephen M. Smith. 2001. *Functional MRI: An Introduction to Methods*. Oxford: Oxford University Press.

Jones, Edward E., and Keith E. Davis. 1965. "From Acts to Dispositions: The Attribution Process in Person Perception." *Advances in Experimental Social Psychology*, Vol. 2, ed. Leonard Berkowitz. New York: Academic Press.

Jost, J. T. 2006. "The End of the End of Ideology." *American Psychologist* 61

(7): 651 - 70.
蒲島郁夫・井手弘子. 2007.「政治学とニューロ・サイエンス」『レヴァイアサン』40: 41 - 50.
蒲島郁夫・竹下俊郎・芹川洋一. 2007.『メディアと政治』有斐閣.
蒲島郁夫・竹中佳彦. 1996.『現代日本人のイデオロギー』東京大学出版会.
蒲島郁夫・綿貫譲治・三宅一郎・小林良彰・池田謙一. 1998.『JES II コードブック』木鐸社.
Kable, J. W., and P. W. Glimcher. 2007. "The Neural Correlates of Subjective Value During Intertemporal Choice." *Nature Neuroscience* 10 (12): 1625 - 33.
Kable, J. W., and P. W. Glimcher. 2009. "The Neurobiology of Decision: Consensus and Controversy." *Neuron* 63 (6): 733 - 45.
Kahn, K. F. 1994. "Does Gender Make a Difference an Experimental Examination of Sex Stereotypes and Press Patterns in Statewide Campaigns." *American Journal of Political Science* 38 (1): 162 - 95.
Kahn, K. F., and J. G. Geer. 1994. "Creating Impressions: An Experimental Investigation of Political Advertising on Television" *Political Behavior* 16 (1): 93 - 116.
Kahn, K. F., and P. J. Kenney. 1999. "Do Negative Campaigns Mobilize or Suppress Turnout? Clarifying the Relationship between Negativity and Participation." *American Political Science Review* 93 (4): 877 - 89.
Kahneman, D. 2003. "A Perspective on Judgment and Choice - Mapping Bounded Rationality." *American Psychologist* 58 (9): 697 - 720.
Kaid, L. L. 1997. "Effects of the Television Spots on Images of Dole and Clinton." *American Behavioral Scientist* 40 (8): 1085 - 94.
Kaid, Lynda Lee. 2004a. *Handbook of Political Communication Research*. Mahwah: Lawrence Erlbaum Associates.
Kaid, Lynda Lee. 2004b. "Political Advertising." *Handbook of Political Communication Research*, ed. Lynda Lee Kaid. Mahwah: Lawrence Erlbaum Associates.
Kanouse, David E., and L. Reid Jr. Hanson. 1972. "Negativity in Evaluations." *Attribution: Perceiving the Causes of Behavior*, eds. Edward E. Jones, David E. Kanouse, Harold H. Kelley, Richard E. Nisbett, Stuart Valins and

Bernard Weiner. Morristown: General Learning Press.

Kansaku, K., S. Muraki, S. Umeyama, Y. Nishimori, T. Kochiyama, S. Yamane, and S. Kitazawa. 2005. "Cortical activity in multiple motor areas during sequential finger movements: An application of independent component analysis." *Neuroimage* 28 (3): 669 - 681.

Kansaku, K., A. Yamaura, and S. Kitazawa. 2000. "Sex - differences in lateralization revealed in the posterior language areas." *Cerebral Cortex* 10(9): 866 - 872.

Kaplan, J. T., J. Freedman, and M. Iacoboni. 2007. "Us Versus Them: Political Attitudes and Party Affiliation Influence Neural Response to Faces of Presidential Candidates." *Neuropsychologia* 45 (1): 55 - 64.

唐沢穣. 2010.「態度と態度変化」池田謙一・唐沢穣・工藤恵理子・村本由紀子『社会心理学』有斐閣.

加藤淳子. 2011.「脳神経科学と政治学」『生物の科学　遺伝』65(4): 30 - 37.

加藤淳子・井手弘子・神作憲司. 2009.「ニューロポリティクスは政治的行動の理解に寄与するか」『レヴァイアサン』44 (春): 47 - 70.

加藤淳子・井手弘子・神作憲司. 2009.「ニューロ・イメージングで政治行動の何が分かるか？」『バイオインダストリー』26 (6): 84 - 90.

Kato, J., H. Ide, I. Kabashima, H. Kadota, K. Takano, and K. Kansaku. 2009. "Neural Correlates of Attitude Change Following Positive and Negative Advertisements." *Frontiers in Behavioral Neuroscience* 3 (6).

Katznelson, Ira, and Barry R. Weingast. 2005. *Preferences and Situations: Points of Intersection between Historical and Rational Choice Institutionalism*. New York: Russell Sage Foundation.

河島一郎. 2008.「責任の有無は脳でわかるか―精神鑑定から脳鑑定へ」信原幸弘・原塑編『脳神経倫理学の展望』勁草書房.

Kay, K. N., and J. L. Gallant. 2009. "I Can See What You See." *Nature Neuroscience* 12 (3): 245 - 6.

Kay, K. N., T. Naselaris, R. J. Prenger, and J. L. Gallant. 2008. "Identifying Natural Images from Human Brain Activity." *Nature* 452 (7185): 352 - 5.

Key, V. O., and Milton C. Cummings. 1966. *The Responsible Electorate; Rationality in Presidential Voting, 1936 - 1960*. Cambridge: Belknap Press of

Harvard University Press.

King-Casas, B., D. Tomlin, C. Anen, C. F. Camerer, S. R. Quartz, and P. R. Montague. 2005. "Getting to Know You: Reputation and Trust in a Two-Person Economic Exchange." *Science* 308 (5718): 78-83.

Knutson, B., C. M. Adams, G. W. Fong, and D. Hommer. 2001. "Anticipation of Increasing Monetary Reward Selectively Recruits Nucleus Accumbens." *Journal of Neuroscience* 21 (16): RC159.

Knutson, K. M., J. N. Wood, M. V. Spampinato, and J. Grafman. 2006. "Politics on the Brain: An MRI Investigation." *Social Neuroscience* 1 (1): 25-40.

Koenigs, M., and D. Tranel. 2007. "Irrational Economic Decision-Making after Ventromedial Prefrontal Damage: Evidence from the Ultimatum Game." *Journal of Neuroscience* 27 (4): 951-6.

Kosfeld, M., M. Heinrichs, P. J. Zak, U. Fischbacher, and E. Fehr. 2005. "Oxytocin Increases Trust in Humans." *Nature* 435 (7042): 673-6.

河野勝・西條辰義. 2007. 『社会科学の実験アプローチ』 勁草書房.

Krasno, J. S., and D. P. Green. 2008. "Do Televised Presidential Ads Increase Voter Turnout? Evidence from a Natural Experiment." *Journal of Politics* 70 (1): 245-61.

Kuklinski, James H. 2002. *Thinking About Political Psychology*. New York: Cambridge University Press.

Kuklinski, J. H., and P. J. Quirk. 2001. "Conceptual Foundations of Citizen Competence." *Political Behavior* 23 (3): 285-311.

Kunda, Z. 1990. "The Case for Motivated Reasoning." *Psychological Bulletin* 108 (3): 480-98.

Kurtz, Howard. 2008. "Recent Obama Ads More Negative Than Rival's, Study Says." *Washington Post*, September 18, A03.

Lancaster, J. L., M. G. Woldorff, L. M. Parsons, M. Liotti, E. S. Freitas, L. Rainey, P. V. Kochunov, D. Nickerson, S. A. Mikiten, and P. T. Fox. 2000. "Automated Talairach Atlas Labels for Functional Brain Mapping." *Human Brain Mapping* 10 (3): 120-31.

Langleben, D. D. 2008. "Detection of Deception with fMRI: Are We There Yet?" *Legal and Criminological Psychology* 13: 1-9.

Langleben, D. D., L. Schroeder, J. A. Maldjian, R. C. Gur, S. McDonald, J. D. Ragland, C. P. O'Brien, and A. R. Childress. 2002. "Brain Activity During Simulated Deception: An Event - Related Functional Magnetic Resonance Study." *Neuroimage* 15 (3): 727 - 32.

Lasswell, Harold D. 1948. *Power and Personality.* New York: Norton.

Lau, R. R. 1985. "2 Explanations for Negativity Effects in Political - Behavior." *American Journal of Political Science* 29 (1): 119 - 38.

Lau, R. R., and G. M. Pomper. 2001. "Effects of Negative Campaigning on Turnout in Us Senate Elections, 1988 - 1998." *Journal of Politics* 63 (3): 804 - 19.

Lau, Richard R., and Gerald M. Pomper. 2004. *Negative Campaigning: An Analysis of U.S. Senate Elections.* Lanham: Rowman & Littlefield.

Lau, R. R., and I. B. Rovner. 2009. "Negative Campaigning." *Annual Review of Political Science* 12: 285 - 306.

Lau, Richard R., and David O. Sears. 1986. *Political Cognition: The 19th Annual Carnegie Symposium on Cognition.* Hillsdale: L. Erlbaum Associates.

Lau, R. R., L. Sigelman, and I. B. Rovner. 2007. "The Effects of Negative Political Campaigns: A Meta - Analytic Reassessment." *Journal of Politics* 69 (4): 1176 - 209.

Lee, D. 2008. "Game Theory and Neural Basis of Social Decision Making." *Nature Neuroscience* 11 (4): 404 - 9.

Lee, H. J., A. H. Macbeth, J. H. Pagani, and W. S. Young. 2009. "Oxytocin: The Great Facilitator of Life." *Progress in Neurobiology* 88 (2): 127 - 51.

Lees - Marshment, Jennifer. 2009. *Political Marketing: Principles and Applications.* London ; New York: Routledge.

Lesch, K. P. 2007. "Linking Emotion to the Social Brain - the Role of the Serotonin Transporter in Human Social Behaviour." *EMBO Reports* 8: S24 - 9.

Leventhal, Howard. 1970. "Findings and Theory in the Study of Fear Communications." *Advances in Experimental Social Psychology. Vol. 5.* ed. Leonard Berkowitz. New York: Academic Press.

Lieberman, M. D. 2007. "Social Cognitive Neuroscience: A Review of Core Processes." *Annual Review of Psychology* 58: 259 - 89.

Lieberman, M. D., D. Schreiber, and K. N. Ochsner. 2003. "Is Political Cognition Like Riding a Bicycle? How Cognitive Neuroscience Can Inform Research on Political Thinking." *Political Psychology* 24 (4): 681 - 704.

Lijphart, A. 1971. "Comparative Politics and Comparative Method." *American Political Science Review* 65 (3): 682 - 93.

Lodge, Milton. 1995. "Toward a Procedural Model of Candidate Evaluation." *Political Judgment: Structure and Process*, eds. Milton Lodge and Kathleen M. McGraw. Ann Arbor: University of Michigan Press.

Loewenstein, G., S. Rick, and J. D. Cohen. 2008. "Neuroeconomics." *Annual Review of Psychology* 59: 647 - 72.

Logothetis, N. K., and B. A. Wandell. 2004. "Interpreting the Bold Signal." *Annual Review of Physiology* 66: 735 - 69.

Lupia, Arthur, Mathew D. McCubbins, and Samuel L. Popkin. 2000. *Elements of Reason: Cognition, Choice, and the Bounds of Rationality*. New York: Cambridge University Press.

Luskin, Robert C., James S. Fishkin, and Roger Jowell. 2002. "Considered Opinions: Deliberative Polling in Britain." *British Journal of Political Science* 32: 455 - 87.

Maguire, E. A., K. Woollett, and H. J. Spiers. 2006. "London Taxi Drivers and Bus Drivers: A Structural MRI and Neuropsychological Analysis." *Hippocampus* 16 (12): 1091 - 101.

Marcus, George E. 2002. *The Sentimental Citizen: Emotion in Democratic Politics*. University Park: Pennsylvania State University Press.

Marcus, G. E., and M. B. Mackuen. 1993. "Anxiety, Enthusiasm, and the Vote - the Emotional Underpinnings of Learning and Involvement During Presidential Campaigns." *American Political Science Review* 87 (3): 672 - 85.

Marcus, George E., W. Russell Neuman, and Michael MacKuen. 2000. *Affective Intelligence and Political Judgment*. Chicago: University of Chicago Press.

Marshall, P. J. 2009. "Relating Psychology and Neuroscience: Taking up the Challenges." *Perspectives on Psychological Science* 4 (2): 113 - 25.

Martin, P. S. 2004. "Inside the Black Box of Negative Campaign Effects: Three Reasons Why Negative Campaigns Mobilize." *Political Psychology*

25 (4): 545-62.

McClure, S. M., J. Li, D. Tomlin, K. S. Cypert, L. M. Montague, and P. R. Montague. 2004. "Neural Correlates of Behavioral Preference for Culturally Familiar Drinks." *Neuron* 44 (2): 379-87.

McDermott, R. 2002. "Experimental Methods in Political Science." *Annual Review of Political Science* 5: 31-61.

McDermott, R. 2004. "The Feeling of Rationality: The Meaning of Neuroscientific Advances for Political Science." *Perspectives on Politics* 2 (4): 691-706.

McDermott, R. 2009. "Mutual Interests the Case for Increasing Dialogue between Political Science and Neuroscience." *Political Research Quarterly* 62 (3): 571-83.

McDermott, R., D. Johnson, J. Cowden, and S. Rosen. 2007. "Testosterone and Aggression in a Simulated Crisis Game." *Annals of the American Academy of Political and Social Science* 614: 15-33.

McDermott, R., and K. R. Monroe. 2009. "The Scientific Analysis of Politics: Important Contributions from Some Overlooked Sources." *Political Research Quarterly* 62 (3): 568-70.

McDermott, R., D. Tingley, J. Cowden, G. Frazzetto, and D. D. P. Johnson. 2009. "Monoamine Oxidase a Gene (MAOA) Predicts Behavioral Aggression Following Provocation." *Proceedings of the National Academy of Sciences of the United States of America* 106 (7): 2118-23.

McGraw, K. M. 2000. "Contributions of the Cognitive Approach to Political Psychology." *Political Psychology* 21 (4): 805-32.

McGuire, W. J. 1964. "Inducing Resistance to Persuasion: Some Contemporary Approaches." *Advances in Experimental Social Psychology* Vol. 1, ed. Leonard Berkowitz. New York: Academic Press.

McGuire, William J. 1993. "The Poly-Psy Relationship: Three Phases of a Long Affair." *Explorations in Political Psychology*, eds. Shanto Iyengar and William J. McGuire. Durham: Duke University Press.

McGuire, W. J., and D. Papageor. 1961. "Relative Efficacy of Various Types of Prior Belief-Defense in Producing Immunity against Persuasion." *Journal of Abnormal and Social Psychology* 62 (2): 327 - 37.

McKeown, M. J., S. Makeig, G. G. Brown, T. P. Jung, S. S. Kindermann, A. J. Bell, and T. J. Sejnowski. 1998. Analysis of fMRI data by blind separation into independent spatial components. *Human Brain Mapping* 6 (3): 160 - 188.

Miller, E. K., and J. D. Cohen. 2001. "An Integrative Theory of Prefrontal Cortex Function." *Annual Review of Neuroscience* 24: 167 - 202.

Miller, G. A., and J. Keller. 2000. "Psychology and Neuroscience: Making Peace." *Current Directions in Psychological Science* 9 (6): 212 - 5.

Miller, G. R. 1980. "On Being Persuaded: Some Basic Distinctions." *Persuasion: New Directions in Theory and Research*, eds. Michael E. Roloff and Gerald R. Miller. Beverly Hills: Sage Publications.

Mitchell, J. P. 2008. "Contributions of Functional Neuroimaging to the Study of Social Cognition." *Current Directions in Psychological Science* 17 (2): 142 - 6.

Moll, J., R. Zahn, R. de Oliveira - Souza, F. Krueger, and J. Grafman. 2005. "The Neural Basis of Human Moral Cognition." *Nature Reviews Neuroscience* 6 (10): 799 - 809.

Monroe, B. M., and S. J. Read. 2008. "A General Connectionist Model of Attitude Structure and Change: The ACS (Attitudes as Constraint Satisfaction) Model." *Psychological Review* 115 (3): 733 - 59.

Monroe, K. R. 2009. "The Ethical Perspective: An Identity Theory of the Psychological Influences on Moral Choice." *Political Psychology* 30 (3): 419 - 44.

Montague, P. R., G. S. Berns, J. D. Cohen, S. M. McClure, G. Pagnoni, M. Dhamala, M. C. Wiest, I. Karpov, R. D. King, N. Apple, and R. E. Fisher. 2002. "Hyperscanning: Simultaneous fMRI During Linked Social Interactions." *Neuroimage* 16 (4): 1159 - 64.

Monti, M. M., D. N. Osherson, M. J. Martinez, and L. M. Parsons. 2007. "Functional Neuroanatomy of Deductive Inference: A Language - Independent Distributed Network." *Neuroimage* 37 (3): 1005 - 16.

Moreno, Jonathan D. 2006. *Mind Wars: Brain Research and National Defense.*

New York: Dana Press.

Morton, Rebecca B., and Kenneth C. Williams. 2008. "Experimentation in Political Science." *The Oxford Handbook of Political Methodology*, eds. Janet M. Box-Steffensmeier, Henry E. Brady and David Collier. Oxford: Oxford University Press.

Mueller, Dennis C. 2003. *Public Choice Iii*. Cambridge ; New York: Cambridge University Press.

Mutz, Diana Carole, Paul M. Sniderman, and Richard A. Brody. 1996. *Political Persuasion and Attitude Change*. Ann Arbor: University of Michigan Press.

Nadeau, R., R. G. Niemi, and T. Amato. 1995. "Emotions, Issue Importance and Political Learning." *American Journal of Political Science* 39 (3): 558 - 74.

Nature Neuroscience. 2004. "Brain Scam?" *Nature Neuroscience* 7 (7): 683.

Niemi, R. G., and A. Q. Frank. 1985. "Sophisticated Voting under the Plurality Procedure - a Test of a New Definition." *Theory and Decision* 19 (2): 151 - 62.

Northoff, G., S. Grimm, H. Boeker, C. Schmidt, F. Bermpohl, A. Heinzel, D. Hell, and P. Boesiger. 2006. "Affective Judgment and Beneficial Decision Making: Ventromedial Prefrontal Activity Correlates with Performance in the Iowa Gambling Task." *Human Brain Mapping* 27 (7): 572 - 87.

O'Doherty, J., H. Critchley, R. Deichmann, and R. J. Dolan. 2003. "Dissociating Valence of Outcome from Behavioral Control in Human Orbital and Ventral Prefrontal Cortices." *Journal of Neuroscience* 23 (21): 7931 - 9.

Ochsner, K. N., and M. D. Lieberman. 2001. "The Emergence of Social Cognitive Neuroscience." *American Psychologist* 56 (9): 717 - 34.

Oldfield, R. C. 1971. "Assessment and Analysis of Handedness - Edinburgh Inventory." *Neuropsychologia* 9 (1): 97 - 113.

Olson, J. M., P. A. Vernon, J. A. Harris, and K. L. Jang. 2001. "The Heritability of Attitudes: A Study of Twins." *Journal of Personality and Social Psychology* 80 (6): 845 - 60.

Ostrom, Elinor, and James Walker. 2003. *Trust and Reciprocity: Interdisciplinary Lessons from Experimental Research*. New York: Russell Sage Foundation.

Palfrey, T. R., and H. Rosenthal. 1985. "Voter Participation and Strategic Uncertainty." *American Political Science Review* 79 (1): 62-78.

Panksepp, Jaak. 1998. *Affective Neuroscience: The Foundations of Human and Animal Emotions*. New York: Oxford University Press.

Parens, Erik. 2006. "Creativity, Gratitude, and the Enhancement Debate." *Neuroethics: Defining the Issues in Theory, Practice, and Policy*, ed. Judy Illes. Oxford: Oxford University Press.

Pelphrey, K. A., J. P. Morris, and G. McCarthy. 2004. "Grasping the Intentions of Others: The Perceived Intentionality of an Action Influences Activity in the Superior Temporal Sulcus During Social Perception." *Journal of Cognitive Neuroscience* 16 (10): 1706-16.

Perloff, Richard M. 1993. *The Dynamics of Persuasion*. Hillsdale, N.J.: L. Erlbaum.

Perloff, Richard M. 2002. "Political Campaign Persuasion and Its Discontents: Perspectives from the Past and Research Prescriptions for the Future." *The Persuasion Handbook: Developments in Theory and Practice*, eds. James Price Dillard and Michael Pfau. Thousand Oaks, CA: Sage Publications.

Petty, Richard E., and John T. Cacioppo. 1981. *Attitudes and Persuasion - Classic and Contemporary Approaches*. Dubuque, Iowa: W.C. Brown Co. Publishers.

Petty, Richard E., and Jon A. Krosnick. 1995. *Attitude Strength: Antecedents and Consequences*. Mahwah: Lawrence Erlbaum Associates.

Petty, Richard E., and Duane T. Wegener. 1998. "Attitude Change: Multiple Roles for Persuasion Variables." *The Handbook of Social Psychology*, eds. Daniel Todd Gilbert, Susan T. Fiske and Gardner Lindzey. 4th ed. New York: McGraw-Hill.

Petty, Richard E., and Duane T. Wegener. 1999. "The Elaboration Likelihood Model: Current Status and Controversies" In *Dual-Process Theories in Social Psychology*, eds. Shelly Chaiken and Yaacov Trope. New York: Guilford Press.

Phelps, E. A., K. J. O'Connor, W. A. Cunningham, E. S. Funayama, J. C. Gatenby, J. C. Gore, and M. R. Banaji. 2000. "Performance on Indirect Measures of Race Evaluation Predicts Amygdala Activation." *Journal of Cognitive Neuroscience* 12 (5): 729 - 38.

Plomin, Robert. 2008. *Behavioral Genetics.* 5th ed. New York: Worth Publishers.

Poldrack, R. A. 2006. "Can Cognitive Processes Be Inferred from Neuroimaging Data?" *Trends in Cognitive Sciences* 10 (2): 59 - 63.

Poldrack, R. A. 2007. "Region of Interest Analysis for fMRI." *Social Cognitive and Affective Neuroscience* 2 (1): 67 - 70.

Price, V., and J. Zaller. 1993. "Who Gets the News - Alternative Measures of News Reception and Their Implications for Research." *Public Opinion Quarterly* 57 (2): 133 - 64.

Prior, Markus. 2007. *Post - Broadcast Democracy: How Media Choice Increases Inequality in Political Involvement and Polarizes Elections.* New York: Cambridge University Press.

Racine, E., O. Bar - Ilan, and J. Illes. 2005. "fMRI in the Public Eye." *Nature Reviews Neuroscience* 6 (2): 159 - 64.

Rilling, J. K., D. A. Gutman, T. R. Zeh, G. Pagnoni, G. S. Berns, and C. D. Kilts. 2002. "A Neural Basis for Social Cooperation." *Neuron* 35 (2): 395 - 405.

Rogers, R. W. 1975. "Protection Motivation Theory of Fear Appeals and Attitude - Change." *Journal of Psychology* 91 (1): 93 - 114.

Rogers, R. W. 1983. "Cognitive and Physiological Processes in Fear Appeals and Attitude Change: A Revised Theory of Protection Motivation." *Social Psychophysiology: A Sourcebook*, eds. John T. Cacioppo and Richard E. Petty. New York: Guilford Press.

Rosen, Stephen Peter. 2005. *War and Human Nature.* Princeton: Princeton University Press.

Roskies, A. 2002. "Neuroethics for the New Millenium." *Neuron* 35 (1): 21 - 3.

Rowe, J. B., I. Toni, O. Josephs, R. S. J. Frackowiak, and R. E. Passingham. 2000. "The Prefrontal Cortex: Response Selection or Maintenance within Working Memory?" *Science* 288 (5471): 1656 - 60.

Rudolph, T. J., A. Gangl, and D. Stevens. 2000. "The Effects of Efficacy and

Emotions on Campaign Involvement." *Journal of Politics* 62 (4): 1189-97.

境家史郎. 2006.『政治的情報と選挙過程』木鐸社.

境家史郎. 2009.「政治的情報と選挙行動」山田真裕・飯田健編『投票行動研究のフロンティア』おうふう.

Sanfey, A. G. 2007. "Decision Neuroscience: New Directions in Studies of Judgment and Decision Making." *Current Directions in Psychological Science* 16 (3): 151-5.

Sanfey, A. G., J. K. Rilling, J. A. Aronson, L. E. Nystrom, and J. D. Cohen. 2003. "The Neural Basis of Economic Decision-Making in the Ultimatum Game." *Science* 300 (5626): 1755-8.

Sarter, M., G. G. Berntson, and J. T. Cacioppo. 1996. "Brain Imaging and Cognitive Neuroscience-toward Strong Inference in Attributing Function to Structure." *American Psychologist* 51 (1): 13-21.

Satterthwaite, T. D., L. Green, J. Myerson, J. Parker, M. Ramaratnam, and R. L. Buckner. 2007. "Dissociable but Inter-Related Systems of Cognitive Control and Reward During Decision Making: Evidence from Pupillometry and Event-Related fMRI." *Neuroimage* 37 (3): 1017-31.

Savoy, R. L. 2005. "Experimental Design in Brain Activation MRI: Cautionary Tales." *Brain Research Bulletin* 67 (5): 361-7.

Schreiber, Darren. 2007. "Political Cognition as Social Cognition: Are We All Political Sophisticates?" *The Affect Effect: Dynamics of Emotion in Political Thinking and Behavior*, ed. W. Russell Neuman. Chicago: University of Chicago Press.

Schreiber, D., and M. Iacoboni. 2004. "Sophistication in Evaluating Political Questions: Neural Substrates and Functional Mechanisms." Paper presented at Political Methodology Annual Conference, Stanford.

Schuman, Howard, and Stanley Presser. 1981. *Questions and Answers in Attitude Surveys: Experiments on Question Form, Wording, and Context*. New York: Academic Press.

Schwarz, N. 1999. "Self-Reports-How the Questions Shape the Answers." *American Psychologist* 54 (2): 93-105.

Sears, D. O. 1986. "College Sophomores in the Laboratory-Influences of a

Narrow Database on Social‑Psychology View of Human‑Nature." *Journal of Personality and Social Psychology* 51 (3): 515‑30.
Sears, David O., Leonie Huddy, and Robert Jervis. 2003. *Oxford Handbook of Political Psychology*. Oxford: Oxford University Press.
Shadish, William R., Thomas D. Cook, and Donald Thomas Campbell. 2001. *Experimental and Quasi‑Experimental Designs for Generalized Causal Inference*. Boston: Houghton Mifflin.
信原幸弘. 2008.「脳神経科学と倫理」信原幸弘・原塑編『脳神経倫理学の展望』勁草書房.
信原幸弘・原塑編. 2008.『脳神経倫理学の展望』勁草書房.
Sidanius, Jim, and Robert Kurzban. 2003. "Evolutionary Approaches to Political Psychology." In *Oxford Handbook of Political Psychology*, eds. David O. Sears, Leonie Huddy and Robert Jervis. Oxford: Oxford University Press.
Silver, B. D., B. A. Anderson, and P. R. Abramson. 1986. "Who Overreports Voting." *American Political Science Review* 80 (2): 613‑24.
Singer, T., S. J. Kiebel, J. S. Winston, R. J. Dolan, and C. D. Frith. 2004. "Brain Responses to the Acquired Moral Status of Faces." *Neuron* 41 (4): 653‑62.
Sinnott‑Armstrong, Walter. 2008. *Moral Psychology*. Cambridge: MIT Press.
Sip, K. E., A. Roepstorff, W. McGregor, and C. D. Frith. 2008. "Detecting Deception: The Scope and Limits." *Trends in Cognitive Sciences* 12 (2): 48‑53.
Smith, Edward E., Susan Nolen‑Hoeksema, Barbara L. Fredrickson, and Geoffrey R. Loftus. 2003. *Atkinson & Hilgard's Introduction to Psychology*. 14th ed. Australia ; Belmont: Wadworth / Thomson Learning. 内田一成監訳 2005.『ヒルガードの心理学』ブレーン出版.
Sniderman, Paul M., Richard A. Brody, and Philip E. Tetlock. 1991. *Reasoning and Choice: Explorations in Political Psychology*. Cambridge: Cambridge University Press.
染谷昌義・小口峰樹. 2008.「『究極のプライバシー』が脅かされる!?──マインド・リーディング技術とプライバシー問題」信原幸弘・原塑編『脳神経倫理学の展望』勁草書房.
Spence, S. A. 2008. "Playing Devil's Advocate: The Case against fMRI Lie De‑

tection." *Legal and Criminological Psychology* 13: 11 - 25.
Spezio, Michael L., and Ralph Adolphs. 2007. "Emotional Processing and Political Judgment: Toward Integrating Politcal Psychology and Decision Neuroscience." *The Affect Effect: Dynamics of Emotion in Political Thinking and Behavior*, ed. W. Russell Neuman. Chicago: University of Chicago Press.
Sugrue, L. P., G. S. Corrado, and W. T. Newsome. 2005. "Choosing the Greater of Two Goods: Neural Currencies for Valuation and Decision Making." *Nature Reviews Neuroscience* 6 (5): 363 - 75.
Sullivan, John L., James Piereson, and George E. Marcus. 1982. *Political Tolerance and American Democracy*. Chicago: University of Chicago Press.
Sullivan, John L., Wendy M. Rahn, and Thomas J. Rudolph. 2002. "The Contours of Political Psychology: Situating Research on Political Information Processing." *Thinking About Political Psychology*, ed. James H. Kuklinski. New York: Cambridge University Press.
Sutton, Richard S., and Andrew G. Barto. 1998. *Reinforcement Learning: An Introduction*. Cambridge: MIT Press.
Taber, Charles S. 2003. "Information Processing and Public Opinion." *Oxford Handbook of Political Psychology*, eds. David O. Sears, Leonie Huddy and Robert Jervis. Oxford: Oxford University Press.
高木文哉・吉田貴文・前田和敬・峰久和哲, 佐々木毅監修. 2007.『政治を考えたいあなたへの80問：朝日新聞3000人世論調査から』朝日新聞社.
高瀬淳一. 1999.『情報と政治』新評論.
Talairach, J., and P. Tournoux. 1988. *Co - Planar Stereotaxic Atlas of the Human Brain*. New York: Thieme.
田中愛治. 1998.「選挙・世論の数量分析：無党派層の計量分析」『経営の科学』43(7): 369 - 373.
田中啓治編. 2008.『認識と行動の脳科学』東京大学出版会.
田中啓治・岡本仁. 2006.『脳科学の進歩―分子から心まで―』放送大学教育振興会.
谷藤悦史. 2005.『現代メディアと政治：劇場社会のジャーナリズムと政治』一藝社.

Thurstone, L. L. 1927. "A Law of Comparative Judgment." *Psychological Review* 34 (4): 273 - 86.

Tingley, D. 2006. "Neurological Imaging as Evidence in Political Science: A Review, Critique, and Guiding Assessment." *Social Science Information Sur Les Sciences Sociales* 45 (1): 5 - 33.

Tormala, Zakary L. 2008. "A New Framework for Resistance to Persuasion: The Resistance Appraisals Hypothesis" *Attitudes and Attitude Change*, eds. William D. Crano and Radmila Prislin. New York: Psychology Press.

Tourangeau, Roger, Lance J. Rips, and Kenneth A. Rasinski. 2000. *The Psychology of Survey Response*. Cambridge: Cambridge University Press.

土田昭司．1989．「説得の過程」大坊郁夫・安藤清志・池田謙一編『社会心理学パースペクティブ1 個人から他者へ』誠信書房．

植原亮．2008．「薬で頭をよくする社会―スマートドラッグにみる自由と公平性，そして人間性」信原幸弘・原塑編『脳神経倫理学の展望』勁草書房．

上野徳美．1989．「説得の過程」大坊郁夫・安藤清志・池田謙一編『社会心理学パースペクティブ1 個人から他者へ』誠信書房．

Valentino, N. A., V. L. Hutchings, A. J. Banks, and A. K. Davis. 2008. "Is a Worried Citizen a Good Citizen? Emotions, Political Information Seeking, and Learning Via the Internet." *Political Psychology* 29 (2): 247 - 73.

Van Overwalle, F., and F. Siebler. 2005. "A Connectionist Model of Attitude Formation and Change." *Personality and Social Psychology Review* 9 (3): 231 - 74.

Volz, K. G., R. I. Schubotz, and D. Y. von Cramon. 2004. "Why Am I Unsure? Internal and External Attributions of Uncertainty Dissociated by fMRI." *Neuroimage* 21 (3): 848 - 57.

Volz, K. G., R. I. Schubotz, and D. Y. von Cramon. 2005. "Variants of Uncertainty in Decision - Making and Their Neural Correlates." *Brain Research Bulletin* 67 (5): 403 - 12.

Wagner, A. D., A. Maril, R. A. Bjork, and D. L. Schacter. 2001. "Prefrontal Contributions to Executive Control: fMRI Evidence for Functional Distinctions within Lateral Prefrontal Cortex." *Neuroimage* 14 (6): 1337 - 47.

若尾信也．2004．「『公的熟慮』の意義と可能性―年金制度を巡る実証分析」

『選挙学会紀要』3: 71 - 87.
Wallas, Graham. 1908. *Human Nature in Politics*. London: Constable.
Walter, H., B. Abler, A. Ciaramidaro, and S. Erk. 2005. "Motivating Forces of Human Actions - Neuroimaging Reward and Social Interaction." *Brain Research Bulletin* 67 (5): 368 - 81.
Walzer, Michael. 2004. *Politics and Passion: Toward a More Egalitarian Liberalism*. New Haven: Yale University.
Ward, Dana. 2002. "Political Psychology: Origins and Development." *Political Psychology*, ed. Kristen R. Monroe. Mahwah: L. Erlbaum.
渡邊正孝. 2005.『思考と脳：考える脳のしくみ』サイエンス社.
渡邊正孝. 2008.「行動の認知科学」田中啓治編『認識と行動の脳科学』東京大学出版会.
Wattenberg, M. P., and C. L. Brians. 1999. "Negative Campaign Advertising: Demobilizer or Mobilizer?" *American Political Science Review* 93 (4): 891-9.
Weisberg, H. F., and A. H. Miller. 1979. *Evaluation of the Feeling Thermometer: A Report to the National Election Study Board Based on Data from the 1979 Pilot Survey*. Ann Arbor: American National Election Studies.
Weissman, D. H., A. S. Perkins, and M. G. Woldorff. 2008. "Cognitive Control in Social Situations: A Role for the Dorsolateral Prefrontal Cortex." *Neuroimage* 40 (2): 955 - 62.
Weissman, D. H., L. M. Warner, and M. G. Woldorff. 2004. "The Neural Mechanisms for Minimizing Cross - Modal Distraction." *Journal of Neuroscience* 24 (48): 10941 - 9.
Westen, D., P. S. Blagov, K. Harenski, C. Kilts, and S. Hamann. 2006. "Neural Bases of Motivated Reasoning: An fMRI Study of Emotional Constraints on Partisan Political Judgment in the 2004 Us Presidential Election." *Journal of Cognitive Neuroscience* 18 (11): 1947 - 58.
Willingham, D. T., and E. W. Dunn. 2003. "What Neuroimaging and Brain Localization Can Do, Cannot Do, and Should Not Do for Social Psychology." *Journal of Personality and Social Psychology* 85 (4): 662 - 71.
Wilson, R. M., J. Gaines, and R. P. Hill. 2008. "Neuromarketing and Consumer

Free Will." *Journal of Consumer Affairs* 42 (3): 389-410.
Witte, K. 1992. "Putting the Fear Back into Fear Appeals - the Extended Parallel Process Model." *Communication Monographs* 59 (4): 329-49.
八木文雄. 2006.『神経心理学』放送大学教育振興会.
Yamagishi, T., M. Kikuchi, and M. Kosugi. 1999. "Trust, Gullibility, and Social Intelligence." *Asian Journal of Social Psychology* 2 (1): 145-61.
Zak, P. J. 2008. "The Neurobiology of Trust." *Scientific American* 298 (6): 88-95.
Zaller, John. 1992. *The Nature and Origins of Mass Opinion*. Cambridge: Cambridge University Press.

補表1　集団（変量効果）分析結果の脳領域

本表は，広告視聴後に支持候補の選択が変化したグループと変化しなかったグループで広告視聴中の脳活動が有意に強かった部位を示したものである（「変化なし＞変化あり」は，変化なしグループにおいてより強い活動が見られた部位）。大脳皮質の部位についてはブロードマン領野の番号も示している。表中のx, y, zは，各部位においてt値が最大であったボクセルの座標である。

選挙・ネガティブ広告

脳領域（ブロードマン領野）	x	y	z	t値	p値
変化なし＞変化あり					
Left middle temporal gyrus (39)	−42	−52	12	2.81	0.004
Left middle temporal gyrus (21)	−65	−35	−8	2.70	0.005
Left lingual gyrus (18)	−8	−64	3	2.54	0.008
Right superior parietal lobule (7)	28	−52	39	2.53	0.008
Right superior frontal gyrus (8)	6	47	47	2.19	0.017
Right cuneus (19)	22	−76	33	2.12	0.020
Right superior temporal gyrus (39)	46	−52	14	2.04	0.024
Left superior frontal gyrus (8)	−16	39	44	2.03	0.024
Left cerebellum	−6	−41	−5	2.02	0.025
Right superior temporal gyrus (41)	42	−36	9	2.00	0.026
Right superior parietal lobule (7)	36	−67	49	1.97	0.027
Left cuneus (18)	−14	−84	23	1.93	0.030
変化あり＞変化なし					
Right superior temporal gyrus (22)	65	−4	6	4.32	0.000
Left cerebellum	−34	−82	−16	3.41	0.001
Right occipital gyrus (19)	40	−78	4	4.10	0.000
Left inferior/middle frontal gyrus (9/6)	−42	16	40	3.99	0.000
Right cerebellum	14	−26	−14	3.55	0.001
Left superior temporal gyrus (38)	−50	14	−21	3.35	0.001
Right inferior/middle frontal gyrus (46/9)	53	30	11	3.30	0.001
Left cuneus (19)	−30	−88	28	3.10	0.002
Left superior parietal lobule (7)	−24	−71	55	2.63	0.006
Left inferior frontal gyrus (46)	−46	30	13	2.51	0.008
Left precentral gyrus (4)	−63	−10	28	2.36	0.012
Right inferior frontal gyrus (47)	42	28	−18	2.35	0.012
Right cuneus (19)	14	−94	27	2.33	0.012
Right fusiform gyrus (37)	53	−59	−16	2.29	0.014
Left superior temporal gyrus (38)	−36	5	−25	2.15	0.019
Left middle temporal gyrus (22)	−53	−41	4	2.14	0.019
Right superior parietal lobule (7)	16	−63	53	2.05	0.023
Right cerebellum	12	−67	−13	2.03	0.024

選挙・2回目のポジティブ広告

脳領域（ブロードマン領野）	x	y	z	t値	p値
変化なし > 変化あり					
Left precuneus (7)	−16	−77	46	3.90	0.000
Right posterior cingulate (29)	10	−42	8	3.37	0.001
Right lingual gyrus/cuneus (18)	4	−84	−11	2.89	0.003
Left fusiform gyrus (19)	−22	−59	−9	2.47	0.009
Anterior cingulate (32)	0	25	−11	2.46	0.009
Right fusiform gyrus (19)	24	−55	−7	2.45	0.009
Left middle temporal gyrus (21)	−65	−37	−8	2.43	0.010
Right fusiform gyrus (37)	46	−59	−14	2.34	0.012
Right superior temporal gyrus (38)	44	10	−27	2.34	0.012
Left fusiform gyrus (19)	−44	−74	−11	2.30	0.013
Left cerebellum	−34	−34	−24	2.27	0.014
Right middle temporal gyrus (21)	46	−14	−9	2.13	0.020
Right superior/middle temporal gyrus (21/22)	48	−29	1	2.11	0.021
Left hippocampus	−30	−16	−11	2.00	0.026
Right lingual gyrus (18)	26	−74	−8	1.96	0.028
Right supramarginal gyrus (40)	57	−50	19	1.96	0.029
Left middle occipital gyrus (19)	−40	−71	20	1.92	0.031
Left precuneus (19)	−28	−70	35	1.87	0.034
変化あり > 変化なし					
Left middle/superior temporal gyrus (21/38)	−57	3	−10	4.02	0.000
Right medial frontal gyrus (10)	16	61	6	3.24	0.001
Left transverse temporal gyrus (41)	−42	−27	12	3.09	0.002
Left inferior frontal/precentral gyrus (9/6)	−32	7	31	2.95	0.003
Right inferior parietal lobule (7)	38	−56	54	2.85	0.004
Left middle temporal gyrus (37)	−48	−56	−1	2.75	0.005
Right superior temporal gyrus (42)	51	−17	5	2.64	0.006
Right cerebellum	34	−60	−27	2.50	0.008
Right inferior frontal gyrus (46)	51	41	11	2.44	0.010
Left precentral gyrus (6)	−32	−14	67	2.42	0.010
Right parahippocampal gyrus (28)	20	−11	−25	2.42	0.010
Left precuneus (7)	−28	−48	43	2.34	0.012
Right middle occipital gyrus (18)	34	−75	11	2.22	0.016
Right superior temporal gyrus (22/42)	67	−31	11	2.16	0.018
Left cerebellum	−26	−44	−31	2.07	0.022
Right inferior frontal gyrus (9)	42	9	29	2.07	0.023
Right precuneus (7)	22	−56	36	2.05	0.023
Right inferior frontal gyrus (11)	24	27	−13	2.04	0.024
Left middle frontal gyrus (11)	−16	27	−11	2.01	0.026
Left precuneus (7)	−20	−57	34	2.00	0.026
Right cingulate gyrus (23)	6	−40	24	1.90	0.032

コーラ・ネガティブ広告

脳領域(ブロードマン領野)	x	y	z	t値	p値
変化なし > 変化あり					
Right middle/superior temporal gyrus (22/21/42)	51	−43	4	3.90	0.000
Right middle frontal gyrus (9)	57	17	32	3.43	0.001
Right superior temporal gyrus (38)	44	−1	−15	3.28	0.001
Right superior frontal gyrus (8/9)	12	45	44	3.11	0.002
Left superior temporal gyrus (40/42)	−46	−46	21	3.05	0.002
Right middle frontal gyrus (6)	44	0	39	2.97	0.003
Right middle temporal gyrus (21)	55	−16	−9	2.91	0.003
Left inferior frontal gyrus (46)	−53	32	9	2.72	0.005
Left superior/medial frontal gyrus (9)	−4	58	30	2.68	0.005
Left superior occipital gyrus (19)	−46	−81	19	2.67	0.006
Left parahippocampal gyrus (35)	−18	−33	−7	2.36	0.012
Right lingual gyrus (18)	6	−86	−4	2.27	0.014
Left precentral gyrus (4/6)	−40	−6	44	2.16	0.018
Right parahippocampal gyrus	22	−16	−11	2.14	0.019
Left superior frontal gyrus (8)	−8	38	52	2.12	0.020
Right superior parietal lobule (7)	14	−57	67	2.09	0.021
Right middle frontal gyrus (6)	28	11	62	2.07	0.022
Left precentral gyrus (6)	−57	7	33	1.90	0.032
変化あり > 変化なし					
Right cuneus (18)	14	−99	3	3.21	0.001
Right thalamus	16	−19	8	2.91	0.003
Right precentral/inferior frontal gyrus (6/9)	30	7	25	2.68	0.005
Right cerebellum	34	−56	−24	2.67	0.005
Left cuneus (18)	−12	−101	9	2.35	0.012
Left thalamus	−22	−21	10	2.30	0.014
Left cerebellum	−34	−67	−25	2.14	0.019
Posterior cingulate (29)	0	−50	12	2.01	0.025

コーラ・2回目のポジティブ広告

脳領域（ブロードマン領野）	x	y	z	t値	p値
変化なし > 変化あり					
Right middle frontal gyrus (9/8)	36	22	19	2.18	0.018
Left inferior parietal lobule (40)	−65	−34	27	2.15	0.019
Right middle temporal gyrus (21)	51	6	−29	2.02	0.025
変化あり > 変化なし					
Left precuneus/cuneus (7/19)	−10	−79	43	5.56	0.000
Right inferior frontal gyrus (9)	46	−1	22	3.96	0.000
Right middle frontal gyrus (8)	38	35	42	3.11	0.002
Right inferior occipital gyrus (19)	44	−76	−5	3.10	0.002
Left middle frontal gyrus (6/8)	−40	22	47	2.77	0.004
Left putamen	−24	13	−7	2.74	0.005
Left inferior frontal gyrus (9)	−50	5	31	2.65	0.006
Left supramarginal gyrus/inferior parietal lobule (40)	−42	−43	30	2.65	0.006
Left postcentral/precentral gyrus (3/4)	−32	−25	45	2.60	0.007
Left inferior frontal gyrus (47)	−32	35	−5	2.52	0.008
Right precuneus (7/19)	26	−70	35	2.48	0.009
Right cingulate gyrus (31)	22	−55	19	2.42	0.010
Right fusiform gyrus (37)	50	−49	−14	2.39	0.011
Left cingulate gyrus (24/31)	−8	−15	45	2.34	0.012
Left superior temporal gyrus (22/42)	−46	−19	−1	2.23	0.016
Right thalamus	18	−25	−4	2.22	0.016
Right inferior frontal gyrus (47)	30	18	−19	2.21	0.016
Right inferior frontal gyrus (45)	46	22	8	2.19	0.017
Left cuneus (18)	−8	−95	12	2.18	0.018
Right precentral gyrus (6)	38	−5	56	2.14	0.019
Right superior temporal gyrus (21)	53	−4	−12	2.10	0.021
Left inferior frontal gyrus (47)	−48	21	−3	2.03	0.024
Left inferior parietal lobule (40)	−48	−36	17	2.00	0.026
Left superior parietal lobule (5)	−22	−44	59	1.98	0.027
Left middle temporal gyrus (21)	−65	−16	−4	1.90	0.032
Right postcentral gyrus (2)	36	−27	40	1.88	0.033

t検定．補正なし $p < 0.05$。脳活動が弱い方のグループにおいて信号変化（の平均値）が正であった部分のみ分析対象となるようマスクを用いた。クラスターサイズの閾値は15ボクセル。

補表2 ロジスティック回帰分析の結果

ネガティブ広告視聴後の選択変化

	β	SE	z値	p値
ネガティブ広告視聴後の温度変化	−0.404958	0.191601	−2.11	0.035
定数	−8.433639	4.253248	−1.98	0.047

Log likelihood = −5.3786046　　Pseudo R^2 = 0.8046　　N = 40

ポジティブ広告視聴後の選択変化

	β	SE	z値	p値
ポジティブ広告視聴後の温度変化	−0.0785474	0.0344088	−2.28	0.022
定数	−0.6850847	0.3688414	−1.86	0.063

Log likelihood = −21.933937　　Pseudo R^2 = 0.1304　　N = 40

ネガティブ広告視聴後の選択変化

	β	SE	z値	p値
ネガティブ広告視聴前の相対温度	−0.0526849	0.0248791	−2.12	0.034
定数	1.219021	0.7320916	1.67	0.096

Log likelihood = −24.845102　　Pseudo R^2 = 0.0974　　N = 40

ポジティブ広告視聴後の選択変化

	β	SE	z値	p値
ポジティブ広告視聴前の相対温度	−0.0783448	0.0298678	−2.62	0.009
定数	1.047277	0.7097781	1.48	0.14

Log likelihood = −19.973686　　Pseudo R^2 = 0.2081　　N = 40

ポジティブ広告視聴後の選択変化

	β	SE	z値	p値
ポジティブ広告視聴後の温度変化	−0.2110334	0.0777729	−2.71	0.007
ポジティブ広告視聴前の相対温度	−0.1644173	0.0568432	−2.89	0.004
定数	3.11752	1.339681	2.33	0.02

Log likelihood = −12.113972　　Pseudo R^2 = 0.5197　　N = 40

補遺1　fMRI 実験結果についての議論

内側前頭前野における脳活動

　今回活動の見られた前頭前野は，社会的認知のコントロールとの関連が指摘されている (Canessa et al. 2005; Lieberman 2007; Miller and Cohen 2001)。また内側前頭前野，特に後吻側内側前頭皮質 (the posterior rostral medial frontal cortex) は，葛藤の監視 (conflict monitoring) との関連が指摘されている (Amodio and Frith 2006)。加えて，相対立する選択肢の中から1つを選ぶ (＝葛藤が生じる) 際の演繹的思考とも関連すると考えられる (Goel 2007)。既存研究では，不確実性下において競合する選択肢をめぐる葛藤が起きた際にBA8(ブロードマン8野，以下同様) が強く活動すると報告されている。不確実性への異なる対処により異なる脳部位が活動する可能性が示唆される一方，不確実性 (勝率が未知という条件) 下で勝敗を予測するタスクでは共通してBA8の活動が報告されている (Volz et al. 2004, 2005)。これらの既存研究と今回の実験研究におけるタスクは，不確実性下において演繹的推論に基づく二者択一を行っているという意味で同様の性質を持っている。また今回の実験で変化なしグループに活動の見られた (－16, 39, 44: BA8) は，言語としての複雑さを一定に保った論理的命題から妥当なものを演繹的に選び出す際に活動したBA8の領域に近い (Monti et al. 2007)。このことから，今回の変化なしグループが，自分の支持する候補者について，ネガティブ広告の提示する相反する情報を演繹的に推論した結果，支持を続けることを選んだ可能性が考えられる。また，この変化なしグループのBA8の活動は，選挙のネガティブ広告においてのみ確認され，選挙のポジティブ広告やコーラの広告の場合には見られなかった。

背外側前頭前野における脳活動

　確率のばらつき (Volz et al. 2004, 2005) や論理的一貫性の有無 (Monti et al. 2007) 等により，刺激 (広告のメッセージ) から明らかな不確実性のパターンが読み取れない場合には，意思決定のための戦略として帰納的推論も用いられる。変化グループにおいてより活動した背外側前頭前野については，帰納 (Goel and Dolan 2004) や作業記憶 (working memory) (Miller and Cohen 2001) との関連が

指摘されている。より具体的には，視覚・聴覚間で異なる刺激による干渉を最小化し，目的達成に必要な刺激に注意を集中させる際に，背外側前頭前野の活動が強くなると解釈される(Weissman et al. 2004)。この既存研究において活動の見られた領域は，今回の実験における変化グループの領域（－42, 16, 40; 53, 30, 11; BA46/9）に近い。このことから，変化グループの人々がネガティブ広告を見た後に二者択一を行うにあたって，帰納的推論を用いた可能性が考えられる。

より最近の研究では，他者の意図との矛盾を扱うタスクにおいて，BA9の活動が見られ，1人の意図がもう1人の行動と矛盾する場合，という社会的文脈にも拡張されている（Weissman et al. 2008）。この実験では，参加者はアニメーションを見る。そこではテーブルに座った少年に対し，背後に立った女性がテーブルの上の点滅するダイヤルもしくは（ダイヤルが置かれていない側の）テーブルに触るよう指示し，それに少年が従う場合と従わない場合が示される。少年が女性の指示に従わなかった場面を見た場合に参加者のBA9がより活動していた（Weissman et al. 2008）。我々の実験では，参加者が支持候補に関する対立候補によるネガティブな情報を受容し（てその結果選好が変わっ）た場合に同様の領域（－42, 16, 40）がより活動している。どちらの実験においても，参加者は，アニメーションと選挙広告のそれぞれについて2人の登場人物が互いに矛盾した行動をとるという「社会的」状況を観察していると考えられる。どちらの映像においても，登場人物は社会的な存在とみなされ，彼らの間に見られる行動の矛盾（すなわち，女性の指示に対する少年の不服従と対立候補による支持候補についてのネガティブな情報の提供）は彼らの相反する意図によるものと理解されていると考えられる。さらに興味深いことに脳活動は，2人の人間の行動が一貫しないという社会的状況と人が単独で行動した際の非一貫性を区別しうると考えられる。別のアニメーションを用いたタスクでは，1人の登場人物がダイヤルが点滅すると触ったり（予期される行動），逆にダイヤルが置いてない方のテーブルに触ったり（予期せぬ行動）する場面が示され，BA9ではなく後部上側頭溝（posterior superior temporal sulcus）の活動が検出されている（Pelphrey et al. 2004）。

今回の背外側前頭前野における活動はポジティブ，ネガティブどちらの選挙広告においても見られた。このことは，変化グループが後で見た選挙広告から得られた情報を妥当と考え，二候補者の間の意図の齟齬を認知したという可能性を示唆している。

2回目のポジティブ広告の間の脳活動

2回目のポジティブ広告に関しては，コーラと選挙の両広告中に，変化グループにおいて後部の背外側前頭前野の活動が見られた。背外側前頭前野は，前述の干渉最小化（Weissman et al. 2004）や，異なるタスクの調整（Derrfuss et al. 2004），勝率のフィードバックに基づいて賭けるかどうかの決定（Satterthwaite et al. 2007）を下す際にも活動している。既存研究において活動が報告されている背外側前頭前野の後部はコーラと選挙の両広告中に変化グループで活動の見られた部位と同様である。

他方，右前部の背外側前頭前野に関しては，2回目のポジティブ選挙広告中の変化グループにおいて活動が見られたが，2回目のポジティブなコーラの広告では変化なしグループにおいて活動が見られている（補表1）。前部と後部の背外側前頭前野はそれぞれ，記憶による反応選択と作業記憶維持との関連があると考えられている（Duncan and Owen 2000; Rowe et al. 2000）。先行研究（Wagner et al. 2001）においては，記憶からの選択（この事例においては，主観的望ましさによる3つの単語の意味の比較）を要するタスクの際に，我々の実験において選好変化と脳活動の間に負の相関を示した右側背外側前頭前野の前部と同様の領域の活動が示されている。

2回目のポジティブ選挙広告の後の比較的に小さい選好変化は，記憶からの選択によるかもしれず，支持の変化を伴う大きな選好変化は記憶維持によるものと考えることも可能かもしれない。ポジティブ選挙広告に関連する脳活動は，ネガティブ広告の場合と異なる認知コントロールの形態をとっている可能性もあるが，認知コントロールの社会的行動への影響についてはまだ未知の部分が多い。

行動分析と脳活動分析の相補的関係

今回の実験に関しては，変化なしグループがネガティブな情報を演繹的に検証し，変化グループは，帰納的推論の結果，ネガティブであれポジティブであれ，より新しい情報を重視したと考えられる。とは言え，脳活動と行動との関連は実験におけるタスクに左右される。タスクや刺激によっては，演繹的推論によりネガティブな情報の妥当性を支持した場合に，内側前頭前野に強い活動が観察されることもあるかもしれない。また，外側前頭前野の活動が帰納的推論によるネガティブメッセージの拒否と同時に観察されることもあるかもしれない。このように，脳活動は必ずしも観察された態度や選択，決定と1対1対応する訳ではない。

その意味で，行動分析は脳活動分析に重要な補完的データを提供する。例えば，ネガティブ広告を見る前の支持候補に対する選好が対立候補に比べて強かった人ほどネガティブ広告視聴中の内側前頭前野（BA8）の活動がより強く，これらの人々は必ずしも変化なしグループと一致するわけではない。このネガティブ広告前の選好の差は，攻撃された（支持していた）候補者に対するネガティブ広告後の選好の変化との間に有意な相関が見られなかった（0.1; p = 0.5392）。このことからBA8の活動が，変化グループと変化なしグループを区別する支持の変化の有無よりも，情報を判断する際に演繹的推論を行うか否かと関連がある可能性が示唆される。変化なしグループと同様に，候補者に対する選好の相違が大きい人々は，判断を行う上で演繹的アプローチを用いる傾向が強かったと考えられる。このように脳活動は，支持の変化や維持といった選択や行動よりも特定の認知コントロールと関連付けて理解されるべきである。

さらに，行動データ分析は，対象（ここでは選挙候補者）から距離を置いている人ほど新しい刺激による影響が小さいことを示している。ネガティブ広告中の支持候補に対する選好の変化は，ネガティブ広告前の当該候補に対する選好の強さとの間に負の相関を示している。この支持候補に対する選好の変化は，ネガティブ広告前の支持しなかった方の候補に対する選好の強さとも負の相関がある。これらの結果は，両候補者に対して比較的に強い選好を示した人ほど，ネガティブ広告の後で支持候補に対する選好が低下し（それ故により支持を変えやすかっ）たということを示している。他方，元々両候補者に対する選好が比較的に低かった人ほど，ネガティブ広告前後の変化が小さい傾向にあった。これらの人々の安定した選好は，支持候補に対する愛着がより強いというよりも，選好順序にかかわらず愛着度が一般的に低いことによると考えられる。

しばしば相反する社会的情報を評価しながら行う選択は，「社会的知性（social intelligence）」として知られる重要な能力を構成する。実験心理学者は，他者の信頼性のなさを情報により敏感に察知する人ほど一度形成された信頼を維持する傾向にある，と考えている（Ostrom and Walker 2003; Yamagishi et al. 1999）。この点は，両候補者と距離を置いていた人ほど選好変化が小さかったという観察と整合している。また変化なしグループにおける演繹的推論と脳活動との関連とも整合している。

また，脳活動との相関は，社会生活における態度や選択，決定を理解する上で示唆を与えうる。我々の実験では，政党支持のような安定した選好の関与を避け

るために，参加者の直接の政治的経験には関係のない過去の選挙キャンペーン広告が用いられている。この点で今回の実験は，明らかな政党支持を持つ参加者に直接政治的関連のある刺激を用いたこれまでのニューロポリティクスの実験とは区別される。情動制御よりも認知制御に関連する領域が活動したのは既存の実験における党派性を持つ参加者とは異なる参加者であったためかもしれない。これは，情動関連領域の脳活動が党派性の強いイデオロギーや特定の社会集団への所属に由来する根強い選好によって起こる可能性を示唆する（Kaplan et al. 2007; Knutson et al. 2006; Phelps et al. 2000; Westen et al. 2006）。

また今回の実験における政治とコーラのセッションの比較も，社会的行動に関して興味深い含意を示している。今回，商品のネガティブ広告の場合に異なる領域の活動が見られたという実験結果は，商品広告が社会的刺激としては政治広告と同じではない可能性を示唆している。

報酬系における脳活動

神経経済学においては，脳の報酬系は，自分自身が得る（失う）報酬に関する決定や判断とともに，それらにも影響を与える他者に対する選好（社会的選好）とも関連があると考えられている。他者の福祉に関する社会的動機の達成からくる喜びと自分自身の報酬からくる喜びとが同様に考えられているのである（Fehr and Camerer 2007）。報酬に関連するこれらの領域に関し，今回の実験においては，2回目のポジティブ選挙広告の後に支持を変えた人々において，腹内側前頭前野における活動（Fehr and Camerer 2007; Lee 2008; Loewenstein et al. 2008）が示されている。

今回の実験において活動の見られた腹内側前頭前野は，先行研究では二者択一を行う実験において活動した領域に近接している。一方では，腹内側前頭前野は，特定の商品ブランド名の影響を受けた決定（Deppe et al. 2005a; Deppe et al. 2005b）や，他者の不公平な扱いに対し，自己の報酬を犠牲にして行う感情的な拒絶（Koenigs and Tranel 2007）の際に活動が報告されているが，他方では，商品のブランド名が示されない場合（McClure et al. 2004）や，懲罰や期待などの行動によるフィードバックの影響がない場合（Knutson et al. 2001; O'Doherty et al. 2003）にも活動が報告されている。すなわち，フレーミング効果のある場合とない場合という正反対の状況がそれぞれ報告されているのである（Deppe et al. 2005a; McClure et al. 2004）。このような相反する結果については，腹内側前頭前

野の領域が社会的動機と無関係に報酬だけに関連付けられた領域である，と説明することが可能である（Harris et al. 2007）。しかしながら，我々の実験で活動した領域（16, 61, 6: BA10）は，この正反対の2つの研究結果（Deppe et al. 2005a; McClure et al. 2004）の両者において活動した領域と同程度に近いのである。

この矛盾に対する別の説明は，腹内側前頭前野は感情的な判断を伴う社会的認知において一般的に活動する，というものである（Northoff et al. 2006）。刺激と自分自身の関係（すなわち自身への関連性）の評価は，報酬と社会的認知の評価において重要な要素である。主観的な報酬の評価は「感情的（affective）」であると基本的に考えられる。しかし自己が得る報酬を考慮する場合には，必ずしも他者との関係で考えるとは限らない。先行研究（de Greck et al. 2008）においては，腹内側前頭前野の一部と自己をめぐる考慮の関連が，報酬に関する意思決定をめぐる社会的行動に密接に関連するとされる線条体などの報酬関連領域（Lee 2008）に加えて観察されている。先行研究の一見相反する結果は，自己評価に関する脳領域が必ずしも報酬系と合致しない可能性を示している。我々の結果はこの可能性を支持する。

選好と行動の定量的表現

行動を定量的に表現することは，その変化を脳活動と関連付ける重要な方法の一つである。また社会的選好と報酬の考慮の連続性を仮定することによって，外的に定量化可能な変数，すなわち報酬によって社会的決定を定義することが可能となる。我々は，自分で評価した他者への感情温度が，他者への選好の変化に関わる脳活動の定量的表現として有効であることを確認した。大統領選挙の候補者に対する（非）好意的な感情の測定方法として，今回の実験では，タスク後の質問票による自己申告の測定法を用いている。タスク後に回答された候補者に対する感情温度の変化とMRIセッション中の脳活動の相関を検出することで，この方法の有効性が確認されている。この方法は態度の表現方法として有望であり，行動と脳活動の定量的比較（psychometric - neurometric comparisons）を様々な社会的行動に応用することができるかもしれない。我々の研究では，今回の実験で用いた自己評価による他者への選好を主観的評価（subjective values）として用いることができることを確認し，神経経済学において効用関数で定義される外的に定量化可能な変数（Kable and Glimcher 2007）の代わりとなる測定法を提案している。

また我々の研究結果は，神経測定分析では行動への含意を引き出すための脳データ分析の解釈は慎重に行う必要がある，ということを示唆している。神経測定分析は，心理状態と脳神経活動の相関の解明に役立つが（Kay et al. 2008），心理状態と脳神経活動の相関を行動と脳神経活動の相関にまで広げることは様々なデータの蓄積によって慎重に行わなければならない。

＜文責　井手弘子，加藤淳子＞

補遺2　感情温度計を用いた質問

　今回ご覧いただいた2人の候補者に対する感情は，温度計にたとえると何度でしょうか。3つのセッションのそれぞれを見終わった時の感情を思い出してお答えください。好意も反感も持たないときには，「感情温度計」で50度としてください。好意的な気持ちがあれば，その強さに応じて50度から100度の数字をお答えください。また，反感を感じていれば，その強さに応じて0度から50度の数字をお答えください。

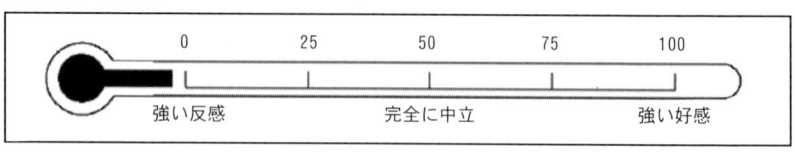

(1) 一番最初の回をご覧になった後のブッシュに対する感情は何度でしたでしょうか。

度

(2) 一番最初の回をご覧になった後のクリントンに対する感情は何度でしたでしょうか。

度

(3) 二番目の回をご覧になった後のブッシュに対する感情は何度でしたでしょうか。

度

(4) 二番目の回をご覧になった後のクリントンに対する感情は何度でしたでしょうか。

度

(5) 最後の回をご覧になった後のブッシュに対する感情は何度でしたでしょうか。

度

(6) 最後の回をご覧になった後のクリントンに対する感情は何度でしたでしょうか。

度

Neuropolitics:
Political Behavioral Research Using Methods of Neuroscience

Hiroko Ide

This book introduces and discusses the validity of a new field called "Neuropolitics," while referring to the examples of experimental studies. Neuropolitics studies political behavior and political cognition using the methods of neuroscience, which have achieved tremendous development over the last few decades.

The main argument of this book can be summarized as an answer to the question: "Is it anyway helpful to study political behavior using the methods of neuroscience?" This book's answer to this question is: "To understand the mechanism and the actual process of how humans perceive their political environment and interact with it, the methods of neuroscience are very effective and even indispensable. However, we need to pay careful attention to technical as well as ethical agendas when pursuing such studies."

More detailed answers are presented in the following chapters. As a starting point, Chapter 1 refers to notable developments within political science that had preceded the emergence of neuropolitics. Political studies using methods of neuroscience have not originated from nowhere. While developments within neuroscience such as the introduction of functional magnetic resonance imaging (fMRI) played a major role in enabling methods of neuroscience to be applied to social science studies, developments within the field of political psychology and experimental studies in political science also need attention when understanding the emergence of neuropolitics. The field of political psychology has developed within the discipline of political science, focusing on the psychological aspects of political behavior. Another important development is the reappraisal of experimental methods within political science. Studies of neuropolitics that mainly rely on experimental methods can be understood as an advanced development of political psychology. In consideration of these developments, Chapter 1 reviews existing studies of neuropolitics. Few studies of neuropolitics have been conducted by political scientists and our fMRI study is the first neuropolitical experiment conducted by political scientists in collaboration with neuroscientists that was published in a peer-reviewed neuroscience journal. Accordingly, this review includes studies of political decision-making conducted by neuroscientists and psychologists and other interdisciplinary studies in related fields such as neuroeconomics. Chapter 1 concludes by discussing the validity of neuropolitical research from the viewpoint of both political science and neuroscience.

Chapter 2 briefly introduces methods of neuroscience to allow an individual who has no prior knowledge of neuroscience to understand neuropolitical studies. A short explanation of the brain structure and function is followed by the explanation of functional brain mapping and measurement of brain function. At the end of the chapter is a more detailed explanation of functional magnetic resonance imaging (fMRI), which was developed in the 1990s and is often used in social neuroscience studies.

Chapter 3 reviews background material of the fMRI study that was conducted by a research group including the author and is reported in Chapter 4. Our fMRI experiment examined the neural correlates of viewing electoral campaign TV advertisements. Electoral studies are considered as the mainstream of political science and electoral campaigns are important topics of electoral studies. Campaign ads, especially negative campaign ads, are considered to exert a strong impact on voters and are increasingly used in the United States. Previous empirical studies have been divided over the effects of negative campaign ads and were unable to address the cognitive processing mechanism due to the lack of methodology. Our experiment attempts to examine the cognitive process of viewing TV ads by using fMRI. In addition, social psychological concepts such as "persuasion" and "attitude change" are helpful in understanding the cognitive process of viewing campaign ads. The latter half of Chapter 3 reviews the literature on these topics, while referring to their relevance to electoral campaign ads.

Chapter 4 is mainly the Japanese translation of the paper that was published in English in a peer-reviewed neuroscience journal (Kato et al. 2009). This paper reports the first neuropolitical fMRI experiment in Japan that addressed attitude change following positive and negative advertisements. Understanding changes in attitudes towards others is critical to understanding human behavior. Neuropolitical studies have found that the activation of emotion-related areas in the brain is linked to resilient political preferences, and neuroeconomic research has analyzed the neural correlates of social preferences that favor or oppose consideration of intrinsic rewards. Our study aimed to identify the neural correlates in the prefrontal cortices of changes in political attitudes toward others that are linked to social cognition. FMRI experiments have presented videos from previous electoral campaigns and television commercials for major cola brands and then used the subjects' self-rated affinity toward political candidates as behavioral indicators. After viewing negative campaign videos, subjects showing stronger fMRI activation in the dorsolateral prefrontal cortex lowered their ratings of the candidate they originally supported more than did those with smaller fMRI signal changes in the same region. Subjects showing stronger activation in the medial prefrontal cortex tended to increase their ratings more than did those with less activation. The same regions were not activated by viewing negative advertisements for cola. Correlations between the self-rated values and the neural signal changes underscore the metric representation of observed decisions (i.e., whether to support or not) in the brain. This indicates that neurometric analysis may contribute to the exploration of the neural correlates of daily social behavior.

Chapter 5 reviews the fMRI study that was introduced in Chapter 4 from a viewpoint of political science and discusses its contributions to political science and other disciplines. First, the experimental design is discussed with special focus on the contents of the advertisements that were used and the participants of the study. The second point of the discussion concerns our study's contribution to political science research on negative campaigns. The contradictory results of previous empirical research on negative campaigns resonate with different normative approaches on how we should evaluate negativity in politics. Our experimental results suggest the functioning of cognitive control while viewing negative ads and thus seem to endorse positive views of "negativity in politics." Finally, the discussion turns to the feeling thermometer, which played an important role in our analysis. One of the main findings of our fMRI study was the correlation between the neural activities in the prefrontal region and the behavioral indicator measured by the feeling thermometer. The results suggest that preference shifts measured by the feeling thermometer can be represented as certain neural activities and offer a new perspective on what is measured by the thermometer and how we can use it.

Chapter 6 reports the follow-up behavioral data analysis that was conducted using insights gained by the fMRI study. The analysis found that whether a participant's choice of candidate changed after viewing negative ads is mostly explained by the two variables of "preference shift during the negative ads" and "relative preference for the favored candidate before viewing the negative ads." One of the contributions of neuropolitical research can be its role in revealing psychological processes and mechanisms associated with political behavior and offering guidelines for the interpretation of behavioral data.

Chapter 7, the final chapter, discusses the possibilities and agendas of neuropolitical research including developments in other research areas that are relevant to studies of neuropolitics in the future. Furthermore, reference is made to the necessity of joint research with neuroscientists and methodological training offered in academic institutions. Finally, ethical issues are very important for neuropolitical studies. Therefore, the latter half of Chapter 7 discusses the ethics of neuropolitical research. After reviewing the ethical issues in neuroscience research (also known as neuroethics), issues that are specific to political studies using methods of neuroscience are discussed.

索　引

ア行

イデオロギー　20, 21, 28, 29, 32, 39, 77, 83, 100, 175
遺伝子　46, 129, 130, 132, 133
因果関係　23, 24, 26, 27, 28, 38, 66, 103, 108, 122
fMRI　→機能的磁気共鳴画像法
MRI　→磁気共鳴画像法
SPM (Statistical Parametric Mapping)　52, 53, 80

カ行

外的妥当性　27, 40, 100, 101
還元主義　37
感情温度計　6, 7, 76, 77, 79, 92, 106, 107, 108, 109, 110, 122, 126, 178
期待効果　27
機能的磁気共鳴画像法（fMRI）　3, 44, 49, 50, 51
逆推論（reverse inference）　48
強化学習　36, 70
恐怖アピール　73, 74
協力行動　20, 35, 36, 40, 128, 130
均衡理論（Balance Theory）　71
近赤外分光法（NIRS）　49, 50, 55
経済学　3, 22, 24, 25, 35, 68, 75, 131
神経経済学
血液酸化度レベル測定法（BOLD法）　50
攻撃性　20, 34-35
高次脳機能　22, 134
構成妥当性　26, 27, 98
行動論主義　20, 24
公平性　128, 134
国際政治　26, 35

サ行

細胞構築　45, 46
磁気共鳴画像法（MRI）　50
事象関連（event-related）デザイン　51
自然実験　25, 26, 66
質問調査　3, 6, 21, 28, 30, 38, 39, 64, 67, 100, 109, 126, 133

実験参加者　6, 7, 25, 26, 27, 31, 32, 51, 52, 53, 65, 77, 78, 79, 91, 92, 99, 100-101, 104, 105, 120, 121, 135
実験室実験　25, 66
実験政治学　3, 23-28, 38, 57, 138
実験デザイン　7, 26, 27, 51-52, 53, 92
社会神経科学　22, 44, 46, 50, 51, 106, 129, 138
社会心理学　21, 29, 59, 67, 68, 69
社会的意思決定（social decision-making）　35, 40, 129
集団過程　128
準（擬似）実験（quasi-experiment）　25, 26
情動 (emotion)　21, 29, 30, 31, 32, 34, 35, 38, 75, 100, 102, 103, 104, 105, 107, 122, 127, 175
進化論　130
神経経済学　4, 20, 28, 35-36, 40, 76, 93, 108, 175, 176
神経伝達物質（neurotransmitter）　37, 46, 129, 134
神経倫理学　132-137
人種　20, 22, 29-30, 31, 39, 97, 98, 127
心理学　3, 4, 19, 20, 22, 23, 24, 28, 29, 31, 33, 37, 39, 40, 67, 73, 131, 174
　→社会心理学
　→政治心理学
　→道徳心理学
心理的リアクタンス理論　72
数理モデル　3, 28, 43
政治学方法論　23, 24
政治心理学　4, 19, 20-23, 24, 29, 35, 57, 69, 75, 127, 128, 138
政治的意思決定　3, 4, 38, 40, 43, 92, 105, 126-127
政治的洗練度　20, 33-34, 40
政治的態度（または選好）　21, 28, 34, 37, 39, 67, 68-74, 75, 76, 89, 101, 107, 116, 126, 130
政治的認知　3, 4, 21, 31, 33, 34, 38, 40, 43, 57, 71, 74, 90, 100, 101, 107
精緻化見込みモデル　（Elaboration Likelihood Model）　70
接種理論（Inoculation Theory）　72
説得　5, 59, 65, 66, 67, 68-74, 104
選挙キャンペーン　5, 40, 57, 58, 59-67, 75, 77,

93, 103, 136, 175
選挙広告　5, 58, 59-67, 70, 71, 72, 74, 77, 78, 79, 80, 81, 83, 88, 89, 92-96, 99, 100, 107, 109, 110, 172, 173, 175
潜在的連合テスト
　（Implicit Association Test; IAT）　30, 32, 39, 106
前頭葉　29, 30, 31, 44, 45

タ行

態度の強さ（attitude strength）　72
態度形成　28, 126
態度変容　5, 59, 67, 68-74
大脳　44, 45, 46, 49, 166
大脳辺縁系　34, 122
動機付けられた推論（motivated reasoning）　31, 38, 40, 72, 100
道徳心理学　127
党派性　7, 34, 74, 91, 100, 101, 104, 105, 126, 175
投票行動　3, 5, 21, 24, 38, 57, 63, 108, 125
投票参加　24, 57, 59, 64, 65, 66, 103
投票方向　59, 66

ナ行

内的妥当性　26, 27
二重過程論（dual-process theories）　33, 69, 103, 127
ニューロマーケティング　133, 135
認知科学　21, 23, 39, 131
認知的不協和理論
　（Cognitive Dissonance Theory）　71
ネガティビティ　7, 73, 92, 101-105
ネガティビティ効果　72, 73
ネガティブ（選挙）広告　5, 6, 7, 58, 59, 60, 61-67, 72, 74, 76, 78, 80, 81, 83-89, 93-105, 107, 110-115, 117-122, 166, 170, 171-175
熱中（enthusiasm）　103
脳機能局在説　44, 45, 47
脳機能計測　4, 5, 22, 28, 29, 36, 39, 44, 47, 48, 49, 51, 54, 121, 122, 123
　→非侵襲脳機能計測
脳機能マッピング　5, 44, 46, 47-48, 131, 138
脳磁図（MEG）　48, 49, 131
脳の構造　44-46
脳波（EEG）　29, 48, 49,

ハ行

パーソナリティ　20, 21, 35, 105, 129
非侵襲脳機能計測　22, 44, 46, 47, 48-51, 54
ヒューリスティック・システマティック・モデル（Heuristic Systematic Model）　70-71
標準脳　47, 48, 53
不安（anxiety）　102, 103, 104, 129
フィールド実験　23, 25, 26
プライバシー　133, 134, 138
ブロードマン領野　46, 80-81, 85, 166-169
ブロック・デザイン　51, 79
報酬系　32, 35, 36, 75, 76, 126, 175, 176
ホルモン　35
マインド・リーディング（mind reading）　133, 134

マ行

民主主義　30, 33, 57, 61, 92, 101-104, 127, 128
無作為化実験（randomized experiment）　25
無党派層　64, 91, 101, 105
メッセージ　57, 58, 59, 60, 68, 69, 70, 71, 72-74, 171, 173
メディア　24, 58, 59, 60, 67, 126

ヤ行

陽電子断層撮影（PET）　36, 49
利他主義　127, 130

ラ行

利他的懲罰（altruistic punishment）　36, 128
倫理　4, 8, 24, 27, 125, 132-137, 138
倫理審査　8, 51, 77, 125, 136

【著者紹介】
井手弘子（いで　ひろこ）
1974 年　佐賀県生まれ。
2010 年　東京大学大学院法学政治学研究科博士課程修了，博士（法学）
現　在　筑波大学大学院人文社会系特任研究員
主要論文　"Neural Correlates of Attitude Change Following Positive and Negative Advertisements" *Frontiers in Behavioral Neuroscience* 3 巻 6 号 2009 年（共著），「ニューロポリティクスは政治的行動の理解に寄与するか」『レヴァイアサン』2009 年（共著），「ニューロ・イメージングで政治行動の何が分かるか？」『バイオインダストリー』26 巻 6 号 2009 年（共著），「政治学とニューロ・サイエンス」『レヴァイアサン』2007 年（共著），「市民同士の熟議／対話—日本における市民討議会の実証研究」『語る—熟議／対話の政治学』風行社，2010 年，235-265 頁（単著）

ニューロポリティクス：
脳神経科学の方法を用いた政治行動研究

2012年2月25日第1版第1刷　印刷発行　ⓒ

	著　者	井　手　弘　子
著者との了解により検印省略	発 行 者	坂　口　節　子
	発 行 所	㈲　木　鐸　社
	印　刷 フォーネット＋互恵印刷　製　本 高地製本所	

〒112-0002　東京都文京区小石川 5-11-15-302
電話 (03) 3814-4195番　FAX (03) 3814-4196番
振替 00100-5-126746　http://www.bokutakusha.com

（乱丁・落丁本はお取替致します）

ISBN978-4-8332-2452-9 C3031